U0837552

腾飞

新时代乡村振兴广东探索

罗燕飞　主编

SPM 南方传媒
广东科技出版社
全国优秀出版社
·广州·

图书在版编目（CIP）数据

腾飞：新时代乡村振兴广东探索 / 罗燕飞主编. —广州：广东科技出版社，2022.11
ISBN 978-7-5359-7911-7

Ⅰ. ①腾…　Ⅱ. ①罗…　Ⅲ. ①农村—社会主义建设—研究—广东　Ⅳ. ①F327.65

中国版本图书馆CIP数据核字（2022）第136551号

腾飞——新时代乡村振兴广东探索
Tengfei——Xin Shidai Xiangcun Zhenxing Guangdong Tansuo

出 版 人：严奉强
责任编辑：张远文　李　杨
装帧设计：友间文化
责任校对：高锡全
责任印制：彭海波
出版发行：广东科技出版社
（广州市环市东路水荫路11号　邮政编码：510075）
销售热线：020-37607413
http://www.gdstp.com.cn
E-mail：gdkjbw@nfcb.com.cn
经　　销：广东新华发行集团股份有限公司
印　　刷：广州市岭美文化科技有限公司
（广州市荔湾区花地大道南海南工商贸易区A幢　邮政编码：510385）
规　　格：787 mm × 1 092 mm　1/16　印张13　字数260千
版　　次：2022年11月第1版
2022年11月第1次印刷
定　　价：98.00元

编委会

组织单位：广东省城乡规划设计研究院有限责任公司乡村振兴发展中心

技术指导：邱衍庆　王　晖　熊晓冬

主　　编：罗燕飞

编 写 组：秦　晴　江雯琦　伊　苒　陈　泽

序

民族要复兴，乡村必振兴。党的二十大报告对乡村振兴作出了关键论述："全面建设社会主义现代化国家，最艰巨最繁重的任务仍然在农村。"站在从全面小康迈向共同富裕的历史节点，广东省委、省政府创新性地部署开展驻镇帮镇扶村工作，全力推进全省1 127个乡镇近2万个行政村全面振兴。

广东省城乡规划设计研究院有限责任公司围绕乡村振兴服务大局，充分担当国企责任，持续开展与乡村发展、建设、治理相关的服务工作。自2018年以来，在全省已开展近600个乡村振兴项目，涉及近700个乡镇的6 500多个行政村。支持省直机关单位、省属国企和各地市帮扶单位开展驻镇帮镇扶村工作，服务驻镇帮镇扶村工作队和乡镇共计52个。深入总结各地乡村振兴好的思路和做法，8个项目上榜省乡村振兴局、南方杂志社举办的广东省百份优秀乡村振兴调研报告和百份优秀镇域乡村振兴规划评选活动，获"优秀镇域乡村振兴规划奖"，为推进全省乡村振兴驻镇帮镇扶村工作走深走实发挥了先进典型的示范作用。

依托广东省城乡规划设计研究院有限责任公司在乡村振兴领域的长期探索和深耕，《腾飞——新时代乡村振兴广东探索》关注乡村地区，参与振兴工作，彰显广东作为，通过跟踪服务驻镇帮镇扶村实践，从乡村发展基础、创新模式构建、五大振兴探索、工作初步成效等方面入手，选取全省5个地方案例，生动演绎了广东乡村振兴的帮扶模式、实操经验和感人故事。

书籍撰写着重体现了新时代乡村振兴广东探索的五方面特色：一是系统谋划。从全域统筹、因地制宜、远近结合、分类施策的角度系统谋划镇村发展。二是城乡融合。驻镇帮镇扶村工作注重发挥乡镇上连县、下连村的纽带作用，畅通城乡要素流动，推动城乡融合发展，助力城乡共同富裕。三是全面振兴。实现横向到边、纵向到底的全域帮扶和“五大振兴”的全面帮扶，推动镇村联动、同治同美。四是创新发展。从实践中汲取智慧和力量，涌现出许多新思考、新探索、新模式，为镇村发展擘画美好蓝图。五是聚焦提升。包括党建引领建设、巩固脱贫攻坚、生态文化赋能、镇村产业发展、服务设施配套、社会治理能力等方面的提升，确保帮扶工作提质增效。

全面实施乡村振兴战略的深度、广度、难度都不亚于脱贫攻坚。驻镇帮镇扶村各方面工作的有序开展，为全面推进乡村振兴开拓了新路径、激发了新活力、开创了新局面。本书从乡村规划从业者的视角，书写广东特色的乡村振兴故事，为提升乡村居民的获得感、幸福感、安全感添砖加瓦，希望能为关注乡村振兴发展的社会各界人士贡献一份具有参考价值的读物。

前言

乡村振兴战略是中国新的发展时期建设社会主义现代化强国的重大战略，是实现共同富裕的必经之路。全面推进乡村产业、人才、文化、生态、组织振兴的号角已经吹响。2021年6月，广东省委办公厅、广东省人民政府办公厅印发了《广东省乡村振兴驻镇帮镇扶村工作方案》，明确了广东乡村振兴的时间表和路线图，全力全面推进乡村振兴战略落实。

本书关注乡村地区，结合振兴工作，彰显广东作为，突出“中国气派、岭南风格、广东特色”，精选5个经典案例——广州市增城区派潭镇、清远市清新区石潭镇、清远市连南瑶族自治县三江镇、清远市清城区飞来峡镇、清远市佛冈县水头镇，体现新时代乡村振兴的广东探索。在国家乡村振兴战略指引下，在对广东省推进乡村振兴战略和驻镇帮镇扶村工作的背景、内涵、目标和理念进行解读的基础上，通过深入研究和解读以往规划存在的问题，持续跟踪驻镇帮镇扶村工作，围绕乡村产业、人才、文化、生态、组织振兴5个主题，聚焦乡村载体，深入挖掘乡村特色资源，结合长期规划实践，分析广东省的驻镇帮镇扶村工作部署，剖析和总结乡村振兴的不同实施路径，生动演绎广东乡村振兴的帮扶模式和实操经验。本书力图为各地的乡村建设形成符合自身实际发展的方案与决策提供有效的参考，从而提升乡村振兴战略之效能和影响。

目录

2017年10月18日，习近平总书记在党的十九大报告中提出乡村振兴战略，十九大报告指出，农业农村农民问题是关系国计民生的根本性问题，必须始终把解决好"三农"问题作为全党工作重中之重，实施乡村振兴战略。广东坚决贯彻执行党的政策方针，一直都把解决乡村贫困问题摆在核心位置，奠定了广东乡村发展的坚实基础。

第一章 广东乡村奠基础

新时代乡村振兴战略

乡村，是具有自然、社会、经济特征的地域综合体，兼具生产、生活、生态、文化等多重功能，与城镇互促互进、共生共存，共同构成人类活动的主要空间。改革开放以来，中国经济迅速发展，城镇化水平不断提高，城乡二元结构问题日显，不容忽视。“回不去的故乡”，成了越来越多城里人的悲鸣。

习近平总书记在党的十九大报告和中央农村工作会议中一再强调，农业农村农民问题是关系国计民生的根本性问题，必须始终把解决好“三农”问题作为全党工作重中之重；提出坚持农业农村优先发展，实施乡村振兴战略。大力推进乡村振兴，是党中央着眼于全面建成小康社会、全面建设社会主义现代化国家作出的重大战略决策；是加快农业农村现代化，提升亿万农民获得感、幸福感，巩固党在农村的执政基础和实现中华民族伟大复兴的必然要求，为新时代农业农村改革发展指明了方向、明确了重点；是解决新时代我国社会主要矛盾，实现“两个一百年”奋斗目标和中华民族伟大复兴中国梦的必然要求，具有重大现实意义和深远历史意义。

实施乡村振兴战略，要按照产业兴旺、生态宜居、乡风文明、治理有效、生活富裕的总要求，建立健全城乡融合发展体制机制和政策体系，加快推进农业农村现代化。

产业兴旺是乡村振兴的重点。要紧紧围绕促进产业发展，引导和推动更多资本、技术、人才等要素向农业农村流动，调动广大农民的积极性、创造性，形成现代农业产业体系、生产体系、经营体系，提高农业创新力、竞争力和全要素生产率，加快实现由农业大国向农业强国的转变。

生态宜居是乡村振兴的关键。在实施乡村振兴战略中推进乡村宜居建设，要加强农村资源环境保护，大力改善水电路气房信等基础设施，统筹山水林田

生态宜居（张远文 拍摄）

湖草保护建设，保护好绿水青山和清新清净的田园风光。

乡风文明是乡村振兴的保障。乡风文明建设作为乡村振兴战略的五项要求之一，不仅贯穿其实施的全过程，而且也是其重要保障，为乡村振兴战略提供智力支持和精神指引。

治理有效是乡村振兴的基础。乡村治理是实现国家治理体系和治理能力现代化的基础和重要内容，也是实施乡村振兴战略、实现乡村善治的基石。

生活富裕是乡村振兴的根本。乡村振兴战略实施的效果如何，关键还是要通过看农民的腰包鼓不鼓、是否实现了生活富裕来进行检验。生活富裕是实施乡村振兴战略的根本落脚点，我国“三农”问题的核心是广大农民群众的收入问题。

实现乡村产业兴旺、生态宜居、乡风文明、治理有效、生活富裕已经成为新的战略方向，新时代乡村振兴的美丽画卷正在徐徐展开。

广东乡村振兴基础

脱贫攻坚，是乡村振兴的前提。脱贫攻坚与乡村振兴是立足实现“两个一百年”奋斗目标作出的重大战略部署，二者互为支撑，相互促进。

2015年10月，党的十八届五中全会把“扶贫攻坚”改为“脱贫攻坚”，并把实现农村贫困人口脱贫作为全面建成小康社会的基本标志。同年11月，出台《中共中央　国务院关于打赢脱贫攻坚战的决定》，明确脱贫攻坚目标任务是到2020年，确保我国现行标准下农村贫困人口实现脱贫，贫困县全部摘帽，解决区域性整体贫困。2018年，《中共中央　国务院关于实施乡村振兴战略的意见》对实施乡村振兴战略作出了阶段性谋划，明确至2020年、2035年和2050年的目标任务，并首次提出了“做好实施乡村振兴战略与打好精准脱贫攻坚战的有机衔接”。2020年3月，习近平总书记在决战决胜脱贫攻坚座谈会上指出，要接续推进全面脱贫与乡村振兴有效衔接，推动减贫战略和工作体系平稳转型，统筹纳入乡村振兴战略。

从2009年开始连续实施两轮“双到”（规划到户、责任到人）扶贫，到脱贫攻坚行动取得全面胜利，广东一直都把解决乡村贫困问题摆在核心位置。当前，我国正处在全面建成小康社会，实现第一个百年奋斗目标，开启全面建设社会主义现代化国家新征程，迈向第二个百年奋斗目标的历史新起点上，乡村振兴战略对于全面建设社会主义

宜人的乡村生态环境（张远文 拍摄）

现代化国家、实现第二个百年奋斗目标具有全局性和历史性意义。在从全面小康迈向共同富裕的历史背景下，实现巩固拓展脱贫攻坚成果同乡村振兴有效衔接，破解城乡二元结构以实现城乡融合成为广东乡村振兴的重要方向。

与脱贫攻坚相比，乡村振兴的任务更为重大，目标也更为宏远。乡村振兴要实现五大振兴，即产业振兴、人才振兴、文化振兴、生态振兴和组织振兴。这五大振兴是环环相扣、相辅相成的，只有各方面齐头并进，才能最终实现乡村振兴的总目标。

2021年广东乡村发展再起航，广东省委、省政府在习近平总书记重要讲话的指引下，创新性地部署开展驻镇帮镇扶村工作，将乡村振兴驻镇帮镇扶村工作作为巩固拓展脱贫攻坚成果、全面推进乡村振兴的主抓手、主平台。

第二章

乡村发展再起航

广东乡村振兴战略部署

开展驻镇帮镇扶村工作，是广东顺应乡村振兴发展的大势所趋。

站在从全面小康迈向共同富裕的历史节点，广东省委、省政府以习近平总书记在广东视察时的重要讲话精神为指引，审时度势，把准乡村振兴脉搏，创新性地部署开展驻镇帮镇扶村工作。2021年6月，广东制定印发了《广东省乡村振兴驻镇帮镇扶村工作方案》（以下简称《方案》）、《关于做好乡村振兴驻镇帮镇扶村组团结对帮扶工作的通知》（以下简称《通知》），将乡村振兴驻镇帮镇扶村工作作为巩固拓展脱贫攻坚成果、全面推进乡村振兴的主抓手、主平台，统筹镇村产业发展、基础设施和公共服务建设，部署推进全省1 127个乡镇近2万个行政村全面振兴，久久为功，实现镇村同建同治同美。

一、从“驻村”到“驻镇”的战略转变

从过去“驻村帮扶”向“驻镇帮镇扶村”转变，意味着将帮扶对象由行政村上提到乡镇。近年来，广东打造了一批美丽乡村示范点和示范带，开展人居环境整治工作和美丽乡村建设，但镇一级却没有得到足够的重视。

在我国的行政治理体系中，镇既是行政结构的最基层，也是县和村联通的关键节点。驻镇帮镇扶村工作，就是要突出工作队驻镇，同步帮扶好镇、村两级，发挥乡镇上连县、下连村的纽带作用，增强乡镇的聚集辐射能力，提升县、镇、村协调发展的协同水平，让乡镇成为“城里人愿意下来、村里人愿意上来、外地人愿意进来、外出人员愿意回来”的地方。通过增强乡镇在联结城乡、辐射农村中的作用，助力推进乡村统筹发展，破解城乡二元结构，加快推进城乡融合均衡发展。

美丽乡村（张远文 拍摄）

乡村交通（张远文 拍摄）

二、从“分散帮扶”到“组团帮扶”

《方案》把全省1 127个乡镇分为3类。其中，粤东、粤西、粤北地区12市和肇庆市综合实力相对较弱的600个乡镇被列为重点帮扶镇，综合实力相对较强的301个乡镇被列为巩固提升镇，经济较发达的珠三角7市所辖的226个乡镇被列为先行示范镇。

帮扶的方式也有了新变化——在延续定点帮扶、对口帮扶和社会帮扶做法的同时，从原来的“分散帮扶”转变为“组团帮扶”。组团帮扶，就是采取“党政机关+企事业单位+农村科技特派员、‘三支一扶’人员、志愿者、金融助理”模式结对帮扶。

广东驻镇帮镇扶村工作的目标任务

从驻村到驻镇，意味着覆盖区域更广泛，帮扶任务也比脱贫攻坚时期更为全面——既要巩固脱贫攻坚成果，又要全面实施乡村振兴战略。驻镇帮镇扶村工作的主要任务，集中在“五个提升”上，即提升脱贫攻坚成果水平、提升镇村公共基础设施水平、提升镇域公共服务能力、提升乡村产业发展水平、提升抓党建促乡村振兴水平；保障措施有加强组织领导，加强规划引领，加强资金保障，加强人才支持，加强监督考核（“五个加强”）。

广东驻镇帮镇扶村工作的三个阶段的目标任务为：到2022年，全省脱贫攻坚成果进一步巩固拓展，镇村同建同治同美取得显著成效；到2027年，全省乡村振兴取得战略性成果，镇村面貌实现根本改变；到2035年，全省农业高质高效、乡村宜居宜业、农民富裕富足目标总体实现，乡村基本实现现代化。

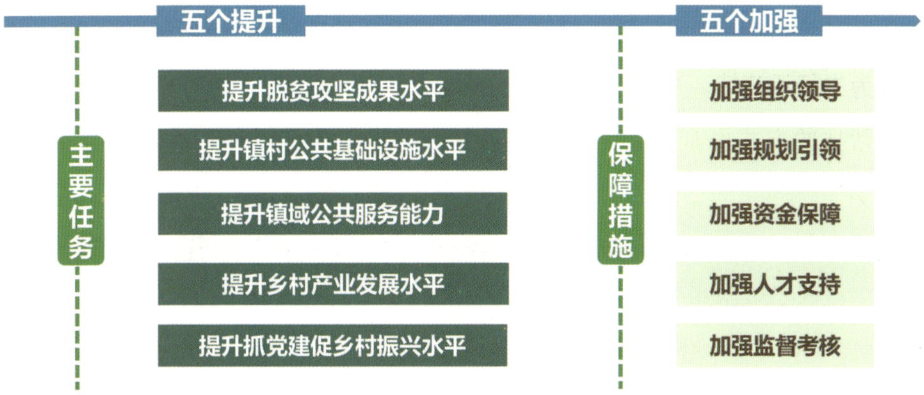

广东驻镇帮镇扶村工作的主要任务与保障措施

2021年中央一号文件发布以来，广东省乡村振兴建设工作坚持新发展理念，坚持稳中求进的工作基调，坚持发扬伟大的建党精神。一方面，切实巩固拓展脱贫攻坚成果，抓牢防止返贫的监测和帮扶两个环节，抓实村集体经济和扶贫项目资产两个基础；另一方面，在乡村建设、乡村治理、农村社会事业发展等具体工作中，组织实施农村人居环境整治、农村厕所革命、农村生活垃圾和污水治理、美丽宜居乡村建设等工作。越来越多的设计团队和高校学者投入到乡村振兴的一线实践中，推动乡村振兴有关具体工作再上新台阶。

第三章

五大振兴走新路

规划助力乡村振兴

驻镇帮镇扶村工作是广东省委、省政府贯彻落实党中央、国务院乡村振兴决策部署的重大创新，是立足新发展阶段、集中资源力量全域全覆盖全面推进乡村振兴的重大举措。为帮助乡村振兴驻镇帮镇扶村工作队适应新时期新任务新要求，扎实有序全面地推进乡村振兴工作，广东各地相继开展了镇域乡村振兴规划编制工作，助力乡村振兴提质增效。

镇域乡村振兴规划以明确帮扶"时间表""路线图"、把"规划图"变成"施工图"为工作重点，需要深入各村组开展调查研究，全面掌握当地产业发展、基础设施现状等第一手资料，树立项目意识，排出优先顺序，做好镇域发展规划、经济社会发展规划、建设规划、产业规划、文化规划、人才规划等方方面面，统筹推进、稳步实施乡村振兴项目。

一、镇域乡村振兴规划是驻镇帮镇扶村工作的引领者

广东制定印发了《方案》《通知》，提出落实5项保障措施，确保各项工作落地见效，其中一项为加强规划引领。这项保障措施明确属地乡镇党委和政府要按照市、县（市、区）"一盘棋"规划和主体功能区定位要求，系统谋划、科学编制镇域乡村振兴规划；坚持分类指导和差异化发展相结合以及问题导向，从镇级层面统筹镇村产业发展、基础设施和公共服务等建设，形成镇村一体谋划；能够有效解决镇村发展中的"堵点""难点""痛点"，形成可实施落地、分期分类的重点建设项目作战图库，指引驻镇帮镇扶村下一步工作重点，扎实有序推进乡村振兴，实现强镇兴村，融合发展。

二、镇域乡村振兴规划的编制重点与要求

首先，镇域乡村振兴规划是帮扶单位和驻镇帮镇扶村工作队开展帮扶工作的重要依据，也是帮受双方推进工作、实施乡村振兴战略的行动指南，其规划思路就是要以巩固脱贫攻坚成果、全面推进乡村振兴为目标，以驻镇帮镇扶村为手段，统筹开展“五个提升”任务，确保各项任务高效有序推进。其次，在编制要求上，一是要把省委、省政府关于驻镇帮镇的“五个提升”任务落到实处，为全域乡村如何振兴做好顶层设计统筹和工作推进指引，为相关政府领导、驻镇帮镇扶村工作队等提供智力支持；二是要宏观、微观相结合，宏观层面包括镇村的资源研判、问题分析、目标定位、空间格局设计、发展策略与行动计划制定，微观层面包括各个项目的实施路径等；三是要基于国土空间规划、产业规划和旅游规划等“多规合一”、整体统筹，全面梳理规划重点任务；四是要做好乡村产业的发展指引，用“一镇一业”“一村一品”来指引各乡村的主导产业发展。

水稻种植（张远文 拍摄）

问题与困境

一、项目尚未形成成熟体系，缺乏明确的编制指南

镇域乡村振兴规划是各地区开展驻镇帮扶工作的行动手册和具体指南，不仅要描绘实施乡村振兴战略的宏伟蓝图，也要细化实施乡村振兴战略的工作重点和政策措施，部署一系列重大工程、重大计划和重大行动，既要有全局谋划，又要有实施抓手。然而，与传统的规划不同，目前镇域乡村振兴发展规划的编制尚未有标准性的编制指引和成果要求，各地区在实际工作中，存在“长官意志”脱离实际、经验主义盲目复制、资本逐利缺乏沟通等风险，容易产生规划成果对镇域发展定位不清晰、用地指标和管控措施不明确、规划重点不突出、上不接政策下不“接地气”等问题。

二、项目复杂，要求高

（一）项目复杂——范围广、内容多、问题差异大、特色差异小

项目复杂体现在以下四方面。一是范围广：规划范围涉及城镇、乡村全域。二是内容多：在国土空间规划体系重构的背景下，规划需充分考虑道路交通、公共服务和基础设施建设、人居环境整治、产业发展、土地利用、生态保护和历史文化传承等多个方面，需要有效、系统地衔接地域各类相关规划，编制“多规合一”的实用性镇域规划。三是问题差异大：规划应坚持因地制宜和问题导向，尊重镇内各村自然、经济、社会和城乡发展现状，但各地现状基础不尽相同，各方面会有不同程度的短板，所以各地前期现状摸查工作任务繁

乡村碧道（张远文 拍摄）

重。四是特色差异小：多体现在地理位置相近的城镇，由于资源特色雷同、个体特色不明显，规划成果容易千篇一律。

（二）项目要求高——远近结合、时间紧急

项目要求高主要体现在以下两方面。一是远近结合：规划需要立足现状、放眼未来；规划要能够指导近期行动，保障项目落地实施，又要能够引领远期发展，为城镇明确发展方向。二是时间紧急：不仅规划布局时间紧急，而且编制时间也紧急——规划需要在短时间内提前布局好地方2021—2025年的工作重点。

三、项目成果使用对象多，应用场景多

镇域乡村振兴规划是地方政府的发展指引，是帮扶工作队的行动计划，是投资企业的战略版图，也是村民的未来蓝图。因此镇域乡村振兴规划的使用对象多，应用场景也多，其内容既要有远期发展的高度，又要有近期落地的可行性，既要立足现状，又要放眼未来。

（一）指引地方政府和帮扶队伍的工作实施

镇域乡村振兴规划编制要满足地方政府规划管理的需求，从有利于乡村规划实施管理的角度确定规划内容、管控要素和管控深度，同时还应当保持适度的弹性，以提高规划的可操作性。

（二）反映村委、村民的规划需求

镇域乡村振兴规划编制应该积极采纳村委、村民对乡村未来发展的建议，采用村民看得懂、“接地气”的表达方式，总结出村民认同、便于执行的简易成果，以方便村委快速推进落地。

（三）招商引资

镇域乡村振兴规划编制应对镇域乡村优势特色资源（自然、农业和人）进行挖掘分析，让企业了解开发和投资乡村的必要性；从用地布局、产业安排和村企合作等方面，让企业了解乡村振兴战略能为其提供的一些支持政策和保障措施。

策略与路径

一、梳理各类政策要求，明确地方发展方向

乡村振兴，规划先行，要编制好镇域乡村振兴规划，首先要从顶层设计出发，梳理政策要求，明确发展方向。一方面需要结合国家乡村振兴战略要求，把握时代脉搏，以推动高质量发展为主题，以巩固脱贫攻坚成果、全面推进乡村振兴为目标，以坚持共同富裕为方向，打造城乡区域协调发展新格局；另一方面要明晰省、市、县、镇、村自身发展重点与价值取向，把省委、省政府关于驻镇帮镇扶村的“五个提升”任务落到实处，基于国土空间规划、产业规划、旅游规划等“多规合一”，进行镇域乡村振兴规划编制。

乡村振兴规划既是扶贫工作的深化，又是对乡村发展动力与机会的再思考，既要满足地方政府规划管理的需求，同时还应当保持适度的弹性，由此来体现乡村规划在管理上的实用性。因此，镇域乡村振兴规划的编制需要做好与省、市、县发展政策和有关专项规划的衔接，聚焦全域统筹，把握地方特征，明确发展方向，避免重复建设。

二、深入了解地方需求，挖掘地方特色，解决地方困难

（一）深调研：深入开展镇村调查研究，坚持问题导向规划

深入开展调查研究，采取实地调查和资料分析相结合的方法，详细了解每个镇村的人口经济现状、自然文化资源、产业布局、配套服务设施等基础情况，以问题为导向归纳地方发展需求。

（二）补短板：统筹镇村配套服务设施，提升镇域民生保障能力

根据需求统筹优化配置镇村的交通设施、市政基础设施、公共服务设施、防灾减灾设施，全面提升镇域民生保障能力，推进镇域基本公共服务一体化，增强群众的获得感和幸福感，实现镇村同建同治同美。

（三）挖特色：深入挖掘地方乡村空间资源特色和多元功能价值

依据全域的历史文脉、民族特色、发展条件、产业基础等现有资源和政策导向，重点突出文化内涵，注重发挥红色文化、客家文化、绿色文化、特色产业文化等优势，寻求地域差异化发展的立足点。

乡村之绿（张远文 拍摄）

三、制定行动计划，形成可读性强、可落地、可操作的编制成果

镇域乡村振兴规划编制的目的就是在满足各级使用对象与不同使用场景需求的基础上，通过整体统筹，制定五年行动计划，最终形成一个人人可用、人人能懂且易于实施的规划成果。

（一）面向汇报需要突出可读性

此规划一般要满足地方政府向上级政府汇报和向村委、村民传达规划方案的需要，因此规划成果应在传统的规划文本和图集的基础上，输出一种表达更生动、可读性更强的成果格式。

（二）面向实施需要突出可落地性

编制镇域乡村振兴五年行动计划，一方面需要通过与帮扶单位、工作队伍的沟通，制定行动计划，根据项目内容安排负责实施的责任主体，并且形成作战“一图一表”，明确各项目的空间位置、设计概算、实施年限及实施主体，另一方面，对于近期要落地的项目，往往需要效果图的辅助，以方便后续施工。

（三）面向规划衔接需要突出可操作性

在用地布局或者重点项目等规划内容上，要做好与国土空间规划或省、市、县其他有关专项规划的衔接。

产业振兴是乡村全面振兴的基础和关键。习近平总书记强调，发展产业是实现脱贫的根本之策。发展产业不仅是农民增收、实现脱贫的现实基础，而且是巩固拓展脱贫攻坚成果、实现稳定脱贫和持续增收的长效措施。

在此背景下，广州市增城区派潭镇将产业发展摆在突出位置，以旅游业作为主导产业、农业作为基础及特色产业，大力提升基层设施建设水平，打造四大乡村示范带，探索出了一条“产业+”的建设路径，构建绿色安全、优质高效的乡村产业

派潭镇

第四章

产业振兴：

优势赋能　产业跃变

体系，创造以产业发展带动农民增收致富、推动农村经济繁荣发展的新模式。

派潭镇依托优美的山水生态基地、丰厚的历史人文底蕴、富饶的乡村物产资源，加强美丽乡村和全域旅游建设，融合发展智慧康养、现代农业、文创产业，完善配套服务设施，打造服务于粤港澳大湾区的生态宜居美地，建设成为全国山水生态文化旅游示范区、粤港澳城乡融合产业协同先行区及广东美丽经济乡村振兴样板区。

全域资源强派潭

派潭镇是一个千年古镇，隶属于广东省广州市增城区，位于增城区北部，面积289.5平方千米，下辖36个行政村、1个社区，户籍人口9万人，耕地面积6.2万亩（1亩=0.0667公顷，亩为非法定计量单位），森林覆盖率达到71.67%，北回归线穿行而过，空气优良，水源干净，环境优美，拥有一个国家4A级景区以及增城最大的星级标准酒店群，还是增城丝苗米、增城荔枝的主产地。随着国道福巴线（G335）和省道增派公路（S256）、广河高速（S2）、派街高速（S16）、从莞深高速（S29）的建成通车，派潭镇融入粤港澳大湾区城市群1小时生活圈，先后获得全国旅游名镇、全国美丽宜居小镇、国家卫生镇、全国重点镇、2019年全国综合实力千强镇等国家级荣誉，以及“广东省乡村民宿示范镇”“广东省乡村社会治理示范镇”等称号，是珠三角乃至整个华南地区著名的旅游目的地。

近年来，派潭镇坚持“生态立镇、旅游兴镇、城乡融合”的发展道路，乘着粤港澳大湾区建设的东风，围绕建设国家城乡融合发展试验区的目标，构建全域旅游格局，努力打造宜居宜业宜游的优质生活圈。“十三五”规划期间，派潭镇综合实力稳步提升，固定资产投资首次突破20亿元，连续五年增长超10%；两税收入年均增长14.68%，住宿业营业额增长约19倍。2021年1月至6月，派潭镇的固定资产投资完成117 714万元，同比增长0.87%，较2019年同期增长44.22%；两税收入全口径合计6 113万元，同比下降11.47%；完成限额以上社会消费品零售总额4 210.6万元，同比增长88.96%，较2019年同期增长48%；完成限额以上住宿业营业额19 249.2万元，同比增长110%，较2019年同期增长24.85%。

印象派潭（黄炳锟 拍摄，派潭镇政府供图）

一、生态优势

派潭镇生态资源优势突出，森林覆盖率高，夏季平均气温比广州全市的平均气温低3～5℃。良好的生态空间为镇域全域旅游业的发展提供了环境保障。派潭镇地处珠江三角洲地区北端，是广州市增城区北部最大的山区镇，一处4A级风景名胜区的面积占镇域面积的2/3。增城北部“组团”的三镇（派潭镇、小楼镇、正果镇）被定位为限制开发的都市农业和生态旅游区，共同构筑广州东北部绿色生态屏障。派潭镇域内有丰富的生态景观，包含飞天瀑布、碧水深潭、原始密林、高山湖泊、湿地温泉、地质奇迹和台地田园等7种类型；坐拥省级地质公园，包括白水寨景区、大封门景区、牛牯嶂景区等，还有龙鳞石、火山颈等十大自然奇迹；拥有木本植物2 000多种，是南亚热带物种的基因库。

乡村风貌（黄炳锟 拍摄，派潭镇政府供图）

二、旅游优势

派潭镇原生景观优美，知名度较高，水体资源充沛，有温泉、森林、高山、湖泊等多种生态资源。其中：白水寨景区的白水仙瀑为国内第一飞瀑，拥有全国唯一的海船木栈道；牛牯嶂景区的牛牯嶂是增城最高峰，分布有罕见的龙鳞石；大封门景区内拥有“广东喀纳斯湖”——大封门天池，还有亚洲罕见的石臼群；高滩温泉景区是一座健康养生山谷，是众多疗养温泉爱好者的聚集地。

派潭镇蕴含独特的岭南特色文化，分布有骑楼老街、古氏宗祠、石屋水车等众多的传统文化载体。派潭的客家人组成了本地第一大族群，所以派潭镇以客家特色文化为主，兼有广府文化，广府文化和客家文化交相呼应。此地有较多古迹，如石达开故居、熊氏宗祠、龙归古庙、密石古寺等。此外，还拥有众

派潭月色（陈汉添 拍摄）

山清水秀（陈洪发 拍摄）

派潭镇风貌（印象派潭作品，派潭镇政府供图）

不息（郭伟新 拍摄，印象派潭作品，派潭镇政府供图）

多非物质文化遗产，如客家山歌、舞春牛、舞貔貅等等，文化底蕴深厚，具有较大的发展潜力。

派潭镇的岭南文化特色明显，明清古建筑形态多样，有保存较好的建筑基底。派潭镇派潭圩内的骑楼老街，是国内目前保存较为完整、广东特有的明清骑楼建筑。老街全长250米，宽6～8米，街道部分保留了旧青石路、古榕和古木棉。邓村石屋始建于清代，村落依山面水，民居为四合院式，是增城区典型的客家围屋古村落。邓村石屋建有7层四方形封火山墙青砖碉楼，碉楼高22米，宽11米，主体建筑为封火山墙硬山顶。车洞村为清代传统广府村落布局，村落沿溪流而建，现保留有10座水车，承包给个人制作香粉。车洞村水车群既是百年水车集群，也是一个香料工坊，距今已有300年历史。利用山涧溪水作动力，用水车做香粉，是古老的原生态手工艺。熊氏宗祠是一座七进祠堂，是广州地区最深最长的祠堂之一，始建于清代，通面阔28米，进深70米，面积1 960平方米。

青砖大屋（郭建华 拍摄）

百年水车（巫国明 拍摄）

骑楼老街(郭建华 拍摄）

旅游资源（印象派潭作品，派潭镇政府供图）

邓村石屋（张伟明 拍摄，派潭镇政府供图）

在在地文化中，白水仙瀑的何仙姑、密石卧佛的神话传说、“田塘村林”的生态格局等村落生长肌理，都是传统文化的集中体现。当地还有唱山歌、舞春牛、舞渔灯、舞貔貅等客家民俗，非物质文化遗产丰富多样。

三、服务接待空间资源优势

派潭镇是增城区旅游业发展的龙头镇，服务业也在旅游业的带动下迅猛发展，万家旅舍、文化中心、影剧院等镇域配套设施不断完善。近年来，派潭镇着力发展生态文化旅游，全力打造生态旅游特色镇和都市农业基地镇，先后获得“中国十大休闲旅游名镇”“广东省旅游特色镇”“广东省生态示范镇”等荣誉称号。

锦绣香江温泉酒店（印象派潭作品，派潭镇政府供图）

现已建成五星级标准酒店6家（广州增城金叶子温泉度假酒店、三英温泉度假酒店、嘉华温泉酒店、锦绣香江温泉酒店、森林海温泉度假酒店、合汇巴塞罗温泉酒店）、三星级温泉度假酒店2家（巴登巴登温泉度假酒店、高滩温泉酒店）；省级重点旅游项目森林海旅游度假区已营业，合汇巴塞罗温泉酒店、三英温泉度假酒店二期已于2021年年底营业；建成乡村民宿135家、农家乐66家，其中慕吉云溪等高端精品民宿11家，已成为广州最热门的“网红”打卡点。在商业购物方面，派潭镇也打造了特产街，展示“一村一品”及当地特色小吃和农产品，如凉粉草、豆腐花、粉葛、番薯等。另外，附近的农场通过开放游客采摘的模式，一方面给游客增加农趣体验，另一方面也拓宽了当地农

产品的销售渠道，实现了双赢。

四、交通设施优势

增城绿道穿镇而过，沿途分布有旅游休闲驿站，串联起镇域内的温泉、生态公园等优质景点，服务配套正在不断完善。广州市增城区的绿道网从属于珠三角绿道网。派潭镇绿道为增城休闲健身绿道的北段，全长65.8千米，南接小楼镇绿道，北止于增城、从化交界处。绿道沿途自然风光优美，有派潭河沿线景观、高滩温泉、白水寨乡村生态公园等景区景点。同时，绿道驿站建设工作

派潭镇绿道上的骑手（印象派潭作品，派潭镇政府供图）

也在逐步展开，由南向北的6个绿道旅游休闲驿站已投入使用（鹅兜驿站、马村驿站、石龙头驿站、高陂头驿站、白水寨乡村生态公园驿站、北山村驿站）。

五、农产资源优势

派潭镇的特色农产品种类丰富，知名度较高，以农户自产自销为主，缺乏规模化种植经营及深加工产业链的支撑。“增城十宝，派潭有三”——派潭凉粉草（烧仙草）、密石红柿、白水寨番薯等地理标志产品和名优特产代表了当地的农业文化，最具特色与发展潜力，是当地发展农业产业化生产重要举措的体现。

派潭镇的第一产业主要是种植凉粉草（深加工已初具规模）、水稻、蔬菜、花卉、水果（香蕉等）和养殖禽畜，代表性农产品有荔枝、迟菜心、乌榄等。特色美食和绿色农产品主要有凉粉草、焖烧鸡、山水豆腐、盐水迟菜心、竹筒蒸肉丸、密石红柿、派潭粉葛、乌榄、白茶等。第二产业以生产、制造学生桌椅为主。

六、以全域资源开发导向形成品牌

派潭镇已经形成了融合自然山水生态、突出岭南地域文化与特色农产的资源品牌，构建出派潭镇独具特色的由资源导向型旅游向休闲度假生产生活过渡的全域旅游目的地产品体系。该体系主要有3个梯队：第一梯队是以突出优势品牌资源为主的白水仙瀑和高滩温泉，融合了森林山水与户外运动，是集温

派潭碧道

白水仙瀑（王水强 拍摄）

万家旅舍（巫伊真 拍摄）

旅游品牌（印象派潭作品，派潭镇政府供图）

泉、医疗、康养等健康产业与生态旅游于一体的复合开发；第二梯队是以突出潜力资源为主的特色农产品和岭南古村品牌，主要打造在地农产品品牌，开发休闲农业、田园度假等农旅产品，同时注重对特色村落休闲旅游的开发；第三梯队是以突出背景资源为主的地质奇观、民俗节庆和原始森林。

机遇挑战待提升

派潭镇的生态资源优势比较突出，但也存在资源独特性不足、岭南文化无品牌特色、与周边资源同质化严重、旅游资源南北分布不均、绿道服务接待水平较为落后等问题。同时，镇域内的生态屏障，导致产业项目开发受限；有多处水源保护地，致使水上项目开发受限；还有产业项目低端化、旅游资源点状开发、农产品缺少规模化生产等问题。

但是，从外部环境来看，派潭镇也面临着以下机遇：首先是市场基础良好，有些产业需求旺盛——珠三角城市群市场基础好，商务休闲、团培教育、度假市场等产业需求旺盛；其次是它坐落于粤港澳大湾区，面临重大项目发展机遇，如广州第二机场建设及增城全域旅游示范区建设等重点项目。

在此基础上，派潭镇利用温泉资源、凉粉草种植、丝苗米种植等基础性优势，就地发展初加工、深加工、旅游体验等业态，在规划中将旅游业作为乡村振兴主导产业，农业作为乡村振兴基础及特色产业，推进农业现代化和旅游业提档升级，构建产业融合发展格局。

示范带动齐发展

派潭镇依托优美的山水生态基地、丰厚的历史人文底蕴、富饶的乡村物产资源，加强美丽乡村和全域旅游建设，完善配套服务设施，致力于打造服务于粤港澳大湾区的宜居宜业宜游的后花园，聚力发展五大示范带。

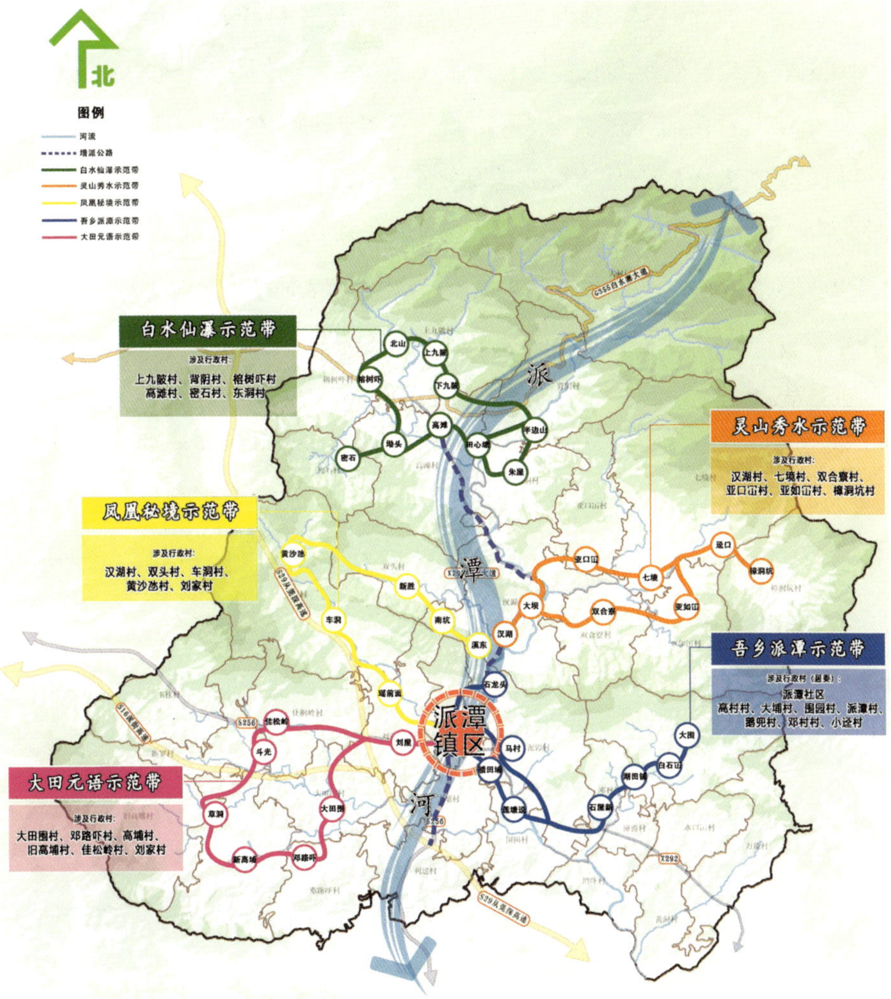

派潭镇乡村振兴示范带规划总图

派潭镇以派潭河、增派公路为主线，沿高滩河、灵山河、车洞河、小迳河和高埔河5条支流串联28个行政村，分别打造五条示范带，由北到南依次为：白水仙瀑示范带、灵山秀水示范带、凤凰秘境示范带、吾乡派潭示范带和大田元语示范带，绘就“一河连珠显风貌，五带示范共发展”蓝图。

1. 白水仙瀑示范带

白水仙瀑示范带依托白水寨、高滩温泉优良的生态本底，串联白水寨风景名胜区、丰乐乡村综合体、森林海旅游度假区、高滩温泉、万果小镇、东洞民宿一条街、密石红柿种植区、大封门景区等8个重点平台，寻仙境，享玉泉，给游客带来逍遥自在的旅游体验。示范带起点为乡道Y301和派潭大道交汇点，终点为东洞村入口广场，总长度约12.6千米。沿线串联6个行政村（东洞村、背阴村、上九陂村、榕树吓村、密石村、高滩村），自然村中有10个特色精品村（朱屋村、半边山村、田心塘村、高滩村、下九陂村、上九陂村、北山村、榕

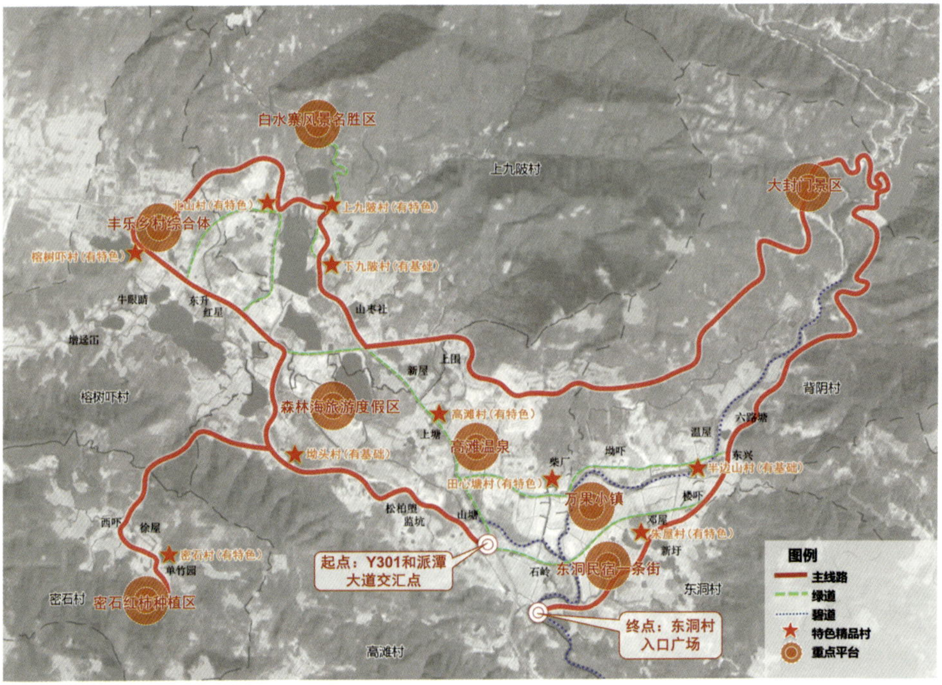

白水仙瀑示范带

树吓村、坳头村、密石村），其余为美丽宜居村。

白水仙瀑示范带包括8个重点平台。（1）白水寨风景名胜区：依托白水寨风景名胜区旅游资源和石马龙湿地公园优良的生态本底，结合上九陂民宿群，打造民宿示范基地、派潭稻香田园康养谷项目、上九陂北山社鲜果采摘园、摄影发烧友基地，增加互动艺术装置等体验型配套设施。（2）森林海旅游度假区、丰乐乡村综合体：以森林海旅游度假区和丰乐乡村综合体为龙头，打造伊士丹顿温泉酒店、广州增城金叶子温泉度假酒店三期、三英温泉度假酒店二期、南昆山金福酒店、凯高公司酒店项目等多个高端精品酒店，规划建设榕树吓村东昇·温泉度假村文旅综合体，升级改造高滩村茂源农庄。（3）高滩温泉：依托高滩丰富的温泉资源，联合生命健康小镇、广州香江健康山谷、广州增城金叶子温泉度假酒店，规划高滩温泉科普基地、温泉水医美研发中心、运动员疗养康复中心；结合高滩旅游观光，引进艺术文体类产业，规划温泉会展中心、星光舞台、文创国潮孵化基地。（4）万果小镇、东洞民宿一条街：依托派潭河碧道和万果小镇大片田园等风貌基础，结合东洞村，规划夜探密田（田野小火车）、不夜美食街、街道亮化工程，布置夜态经济，打造东光夜游主题乐园。（5）密石红柿种植区、大封门景区：以密石古村落为载体，结合密石红柿土特产，规划密石红柿采摘园、创意加工坊、密室逃脱、丛林探险俱乐部，打造密石探幽主题；依托大封门景区的奇峰秀水、瀑布深潭，规划野外地质科普基地。

2. 灵山秀水示范带

灵山秀水示范带以农田为基、派潭河为带，围绕乡村民宿经济，结合牛牯嶂生态资源，规划慕吉潜霖美宿小镇、荔枝小镇、四季田园综合体、七境乡村振兴综合体、牛牯嶂森林公园、无外秘境、乡村大舞台7个重点平台。示范带起点为汉湖村，终点为樟洞坑村，总长度约15千米。沿线串联8个特色精品村（汉湖村、大坝村、双合寮村、亚如岴村、亚口岴村、七境村、迳口村、樟洞坑村），其余为美丽宜居村。

灵山秀水示范带包括7个重点平台。（1）慕吉潜霖美宿小镇：以潜霖山度假山庄等民宿产业为基础，打造民宿示范品牌，挖掘本地民宿文化，强化社区氛围与乡村氛围，打造特色美宿小镇。（2）荔枝小镇：依托樟洞坑荔枝专业村的基础资源，规划荔枝园和荔乡广场，塑造特色景观，提升农业规模，完善游客服务配套设施，打造荔乡樟洞主题乐园。（3）四季田园综合体：依托现有的特色农场和特色民宿资源，构建有机循环农业，推动农田观光、农趣体验、农耕研学、农产销售等产业的发展，打造农耕研学亲子主题乐园，建设花田、苗木育苗区，增加商业购物业态，建设四季田园体验基地。（4）七境乡村振兴综合体：依托现有的一村一品等农业基础，以“增城十宝”为基点，搭建全方位旅游服务平台，打造华南地区最大的集农业展示、科普教育、健康养生于一体的五谷科普教育基地。（5）牛牯嶂森林公园：依托牛牯嶂的生态景观资源，建设探险基地、营地民宿等旅游产业节点，丰富游客体验，完善游客服务配套设施，打造牯嶂秘境探险主题乐园。（6）无外秘境：依托现有的民

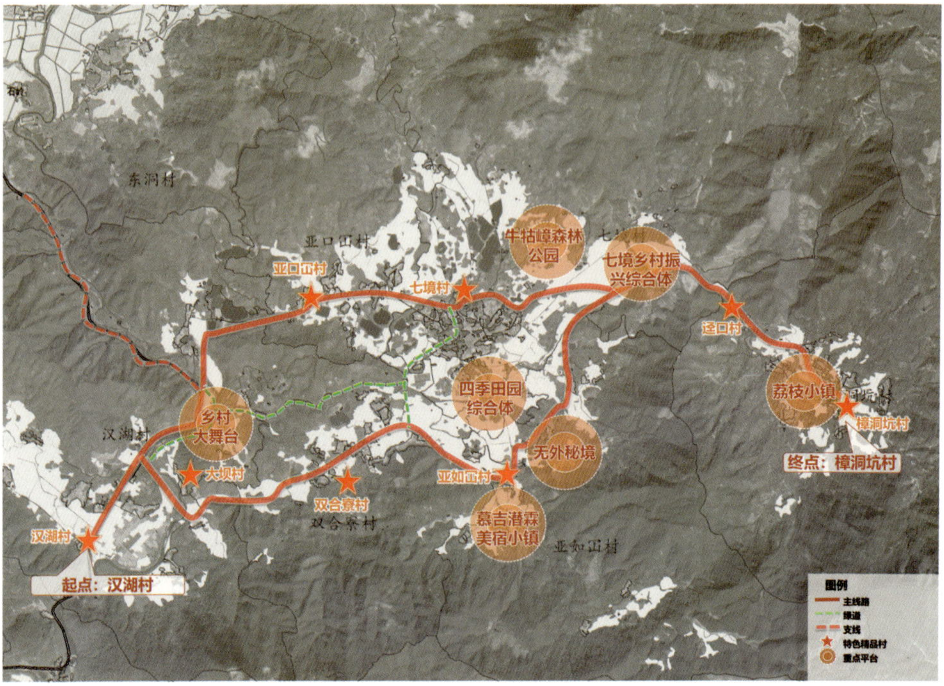

灵山秀水示范带

宿产业和文化产业，打造集客家文化、高端住宿、农旅产业融合等于一体的特色休闲健康旅游村落，促进特色农产品文化的发展，策划特色文化节，开展文化体验活动。（7）乡村大舞台：依托灵山河与连片的农田资源，结合稻田民宿，推动稻田摄影、水上舞台等产业发展，增设稻田观景栈道、滨河观景平台，打造乡村风光展示舞台。

3. 凤凰秘境示范带

凤凰秘境示范带以农田为基、森林为底、车洞河为带，围绕车洞水车及凤凰山生态资源，规划凤凰森林公园、车洞水车园、石龙养生园、乡村智慧农园4个重点平台。示范带起点为派潭镇镇区，终点为汉湖村，总长度约14.8千米。沿线串联6个特色精品村（汉湖村、双头村、黄沙冚村、车洞村、刘家村、石龙头村），其余为美丽宜居村。

凤凰秘境示范带包括4个重点平台。（1）凤凰森林公园：依托凤凰山的

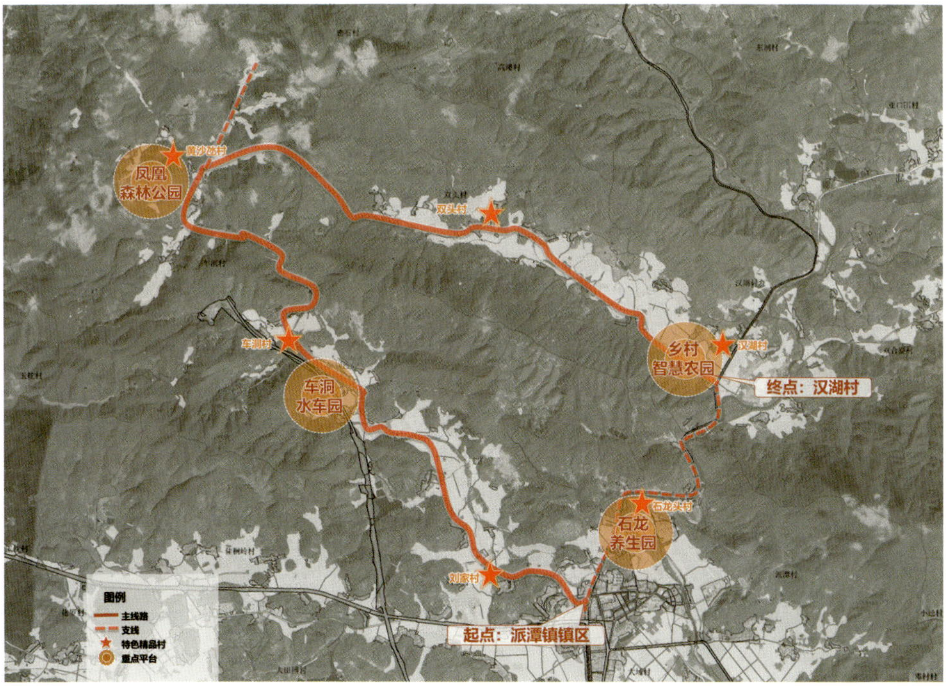

凤凰秘境示范带

森林资源，策划康体健身、丛林探险等活动，建设黄沙氹广州泊度人文客栈，打造凤凰森林主题乐园。（2）车洞水车园：以车洞河、车洞古水车为基础，塑造特色景观，建设特色民宿，策划特色文化节，开展文化体验活动，打造百年水车主题乐园。（3）石龙养生园：依托连片农田，建设中药基地，规划养生社区、养生别墅群、养生农庄，建设石龙农业健康山谷和刘家矿场高端住宅区，打造田园石龙养生主题乐园。（4）乡村智慧农园：依托哈利农场等水果采摘农场、宛如故里·稻田里等网红特色民宿资源，规划有机农场示范园和果品加工物流园，延伸农业产业链，植入高科技，实现“互联网+”，打造网红基地，建设乡村智慧主题乐园。

4. 吾乡派潭示范带

吾乡派潭示范带以历史文化助力文旅产业发展，以派潭镇区为核心，依托派潭综合服务核、腊田状元乡、邓村吾乡、红色教育乡4个重点平台，推动骑

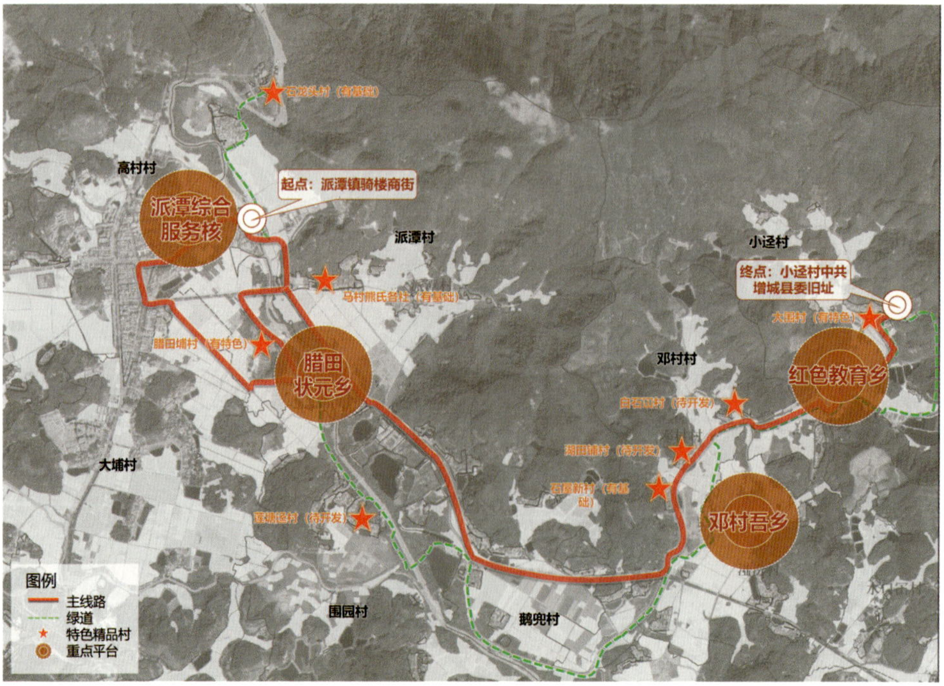

吾乡派潭示范带

楼文创、宗祠文化、红色文化、美丽圩镇、高端住宿、现代农业等融合发展，展现文化生辉的景象。示范带起点为派潭镇骑楼商街，终点为小迳村中共增城县委旧址，总长度约12.4千米。沿线串联7个行政村（小迳村、邓村村、鹅兜村、围园村、大埔村、派潭村、高村村），自然村中有8个特色精品村（大围村、白石冚村、湖田铺村、石屋新村、莲塘迳村、腊田埔村、马村熊氏各社、石龙头村），其余为美丽宜居村。

吾乡派潭示范带包括4个重点平台。（1）派潭综合服务核：依托镇区各类服务设施，通过复兴百年老街，打造展现派潭文化的骑楼商街，提高旅游、商业设施等级，强化派潭镇区的综合服务功能；利用刘家村的炮楼和村庄闲置房屋，外拓镇区商贸功能，建设星级酒店、旅游驿站等服务设施。（2）腊田状元乡：①腊田埔村整村依托熊氏宗祠打造熊氏宗祠文旅项目，依托“状元文化”，围绕项目基地打造集状元主题民宿、状元主题餐饮、状元研学等功能于一体的状元文化主题村落；②通过梅都路联合派潭村马村熊氏各社在建的派潭水稻公园产业，以及十七烈士墓园、派潭森林公园和马村驿站等服务设施，增加该主题组团旅游的多样性。（3）邓村吾乡：依托现有的吾乡石屋高端民宿、苗圃园等产业和石屋森林公园等服务设施，以客家风俗文化为核心，打造3个精品村庄，形成充分展现客家文化的多元化特色度假体验旅游空间。①石屋新村增设旅游驿站功能；②利用湖田铺村的空闲房屋打造山庄一条街；③白石冚村以规划建设中的邓村智慧谷为契机，定位为旅游接待中心，整村置入民宿、餐饮和停车服务等功能，同时整合邓村村连片农田，利用邓村智慧谷规划打造的丝苗米种植示范基地，置入客家春季耕种、秋季晒谷等体验活动。（4）红色教育乡：依托现保留并已修复的中共增城县委旧址及后山党建公园、石磜水库等资源，打造集红色研学、文化旅游、水库观光等功能于一体的红色教育基地。①利用小迳村、大围村连片的空闲房屋打造红色民宿，并提供研学住宿；②建设一条串联党建长廊、后山党建公园、石磜水库，连接乡道Y310并串联各种植基地的绿道，外拓红色功能，置入红色徒步、农耕劳动体验等活动。

5. 大田元语示范带

大田元语示范带以西环路为主轴线，突出现代农业助力农旅产业的发展主题，串联南方农业+产业园、凉粉小镇、共享乡村、大田元语4个重点平台，打造都市农业、采摘体验、乡村旅游等多种经济业态。示范带起点为邓路吓村，终点为刘家村刘屋自然村，总长度约12.4千米。沿线串联6个行政村（刘家村、佳松岭村、旧高埔村、高埔村、邓路吓村、大田围村），自然村中有7个特色精品村（邓路吓村、新高埔村、草洞村、佳松岭村、斗光村、大田围村、刘屋村），其余为美丽宜居村。

大田元语示范带包括4个重点平台。（1）南方农业+产业园：①重点依托南方报业建设的以“传媒+现代农业、农旅、研学、康养”为特色的乡村振兴综合体，利用综合体内的智慧农业示范区，以省级产业园标准打造丝苗米种植示范地；②依托高埔村龙归古庙，打造集沧海网红民宿、文创街区、游乐园、

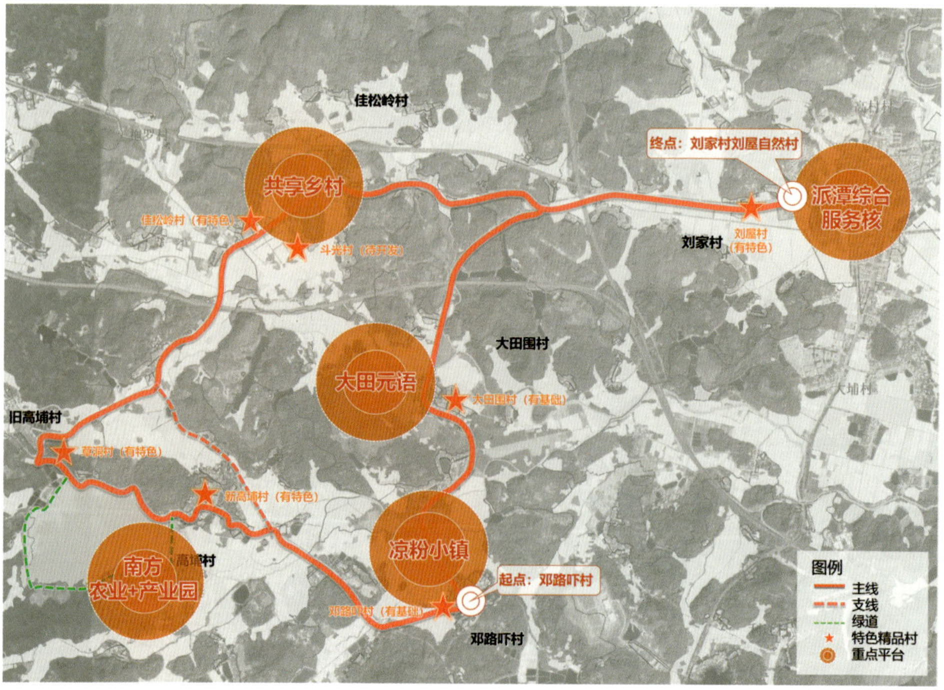

大田元语示范带

旅游驿站等功能于一体的龙归文创基地；③再续明清建筑光芒，充分保留新高埔村广府民居古村落的古韵，同时以岭南四大园林为模范，通过政企合作，整村修旧如旧，打造派潭高埔古村博物馆。（2）凉粉小镇：①依托邓路吓村的派潭凉粉产业，扩大、升级原有凉粉草种植、加工基地；②利用邓路吓村的炮楼、传统民居和宗祠等空闲资源，置入产品展销、凉粉制作体验、凉粉主题甜品店体验等功能，打造凉粉宣传展销基地，建设旅游驿站等设施，加强该主题组团旅游的功能，为凉粉文化升值，进一步加强派潭凉粉品牌宣传。（3）共享乡村：依托佳松岭村作为广东省非物质文化遗产——舞貔貅的培训基地的优势，以狮乡为品牌，激活300年历史的佳松岭村客家祠堂。①内设狮史馆、各类狮乡主题餐饮、书吧等设施，打造集貔貅体验活动、学生课外培训等文化、旅游活动于一体的貔貅非物质文化遗产传承地；②紧靠狮乡品牌，激活斗光村，利用祠堂、传统私塾等资源，结合革命老区斗光村的红色文化，打造红色狮乡民宿；③在佳松岭村小学周边建设相应的旅游驿站、狮乡商业街、公交车站等设施。（4）大田元语（菜篮子）：以大田元语文旅项目为核心，结合蔬果农产品种植基地和湖而美菜篮子等项目，结合大田围村用地，逐步置入蔬果采摘、特色农家乐、民宿等旅游功能，共同打造集“产、学、旅”于一体的农旅融合示范基地。

美丽乡村新名片

为塑造派潭特色美丽乡村风貌，为“美丽经济”赋能，派潭镇成功创建了13个市级美丽乡村和13个区级美丽乡村。其中，上九陂村被原国家旅游局授予“中国乡村旅游模范村”称号，邓村村被评为“广东美丽乡村特色村”。

打造精品村庄，凸显村庄文化特色。将示范带沿线村庄划分为特色精品村、美丽宜居村2类，分类进行综合整治，针对基础建设问题提出解决方案，优化乡村整体环境。

特色精品村主要为示范带沿线符合以下类型的村庄：村庄建设已达美丽宜居村水平并且周边有较好的产业发展基础的村庄，蕴含独特文化的特色古村落。待开发的、有大量闲置建设用地的村庄，包括北山村、上九陂村、榕树吓村等村庄，规划以凸显村庄文化特色为目标，对村庄进行整体提升。同时，打造精品设计空间，提升特色精品村的整体风貌形象，高标准、高要求建设特色精品村。

美丽宜居村主要为沿线其他村庄。打造美丽宜居村，主要是以满足村民实际需要为目的，通过对村庄进行优化整治，实现环境安全、生态宜居、整洁有序、设施齐全、配套完善，提升村民生活水平。

派潭镇开展示范带沿线农房外立面微改造，带动全镇农房风貌提升。针对建筑风格混乱、缺少本地特色的问题，派潭镇提炼广府、客家等岭南乡村建筑元素，以点、线、面相结合的方式对农村建房进行标准化引导，分3类整治已有建筑，控制和引导新建建筑。

第一类是美丽民居。采用统一颜色＋基础要素的设计手法，促进农村房屋风貌整体协调，以灰白色为农房基调，对披檐、腰线和勒脚等要素进行针对性改造。

风貌改善效果图（派潭镇政府供图）

第二类是精品民居。采用统一颜色+纹理+基础要素+点缀装饰的设计手法，以灰白色为农房基调，增加墙面纹理，提升建筑的墙面质感，增加窗框、坡顶、宅门、单坡、墙头、边线等点缀装饰。加快推进派潭镇东洞朱屋村、派潭石龙头村、小迳大围村等39个特色精品村的农房外立面整饰风貌提升工程。

第三类是商业民居。鼓励整村或连片进行民宿改造。古村落采取修旧如旧的做法改造民宿，如民宿“吾乡石屋”；现代商业民居则采取融合特色花纹等元素+留出创造空间的方式进行改造，如东洞村打造的特色民宿一条街。

示范带沿线建筑外立面改造可分为4类，包括3类民房整治和商业街外立面整治。通过改造，示范带沿线的28个精品民居村庄、18个商业民居村庄、6条商业街以及沿线其他69个村庄变成了风貌协调的美丽村庄。

巩固乡村风貌和生态优势，赋予美丽乡村经济动能。主要遵循三大原则。①生态保护原则。在推进城乡发展的同时，更加注重生态资源的保护，防止开发活动及村民、游客的参与对环境造成破坏；完善水资源系统，构建一条可持续发展的派潭河；因地制宜，注重对原有树种的保留利用。②景观提升原则。融合派潭风貌及其文化个性，塑造旅游河道，建立水与村、水与旅游和产业节点融合的休闲网络，用景观引导及河岸开发建设重构人与水的有机联系。③产业引导原则。丰富旅游链，使河道景观成为温泉度假以及其他“农文旅”项目的有力补充，成为城市度假与村民生产生活的纽带。这三大原则联动推动实现三大目标：为增城保留一条自然生态的派潭河，为市民提供多元山水田园文化体验，以及为村民提升农产品附加值，提高经济效益。

依托一河两岸，派潭镇通过打造9节点2岸线5空间，激活生态景观价值。派潭河拥有自然生态优势和沿线乡村资源，通过生态保护、景观提升和产业引导，结合新乡村示范带风貌建设，规划了9个景观节点、2条东西景观岸线、5个特色空间的生态景观空间，在乡村振兴中构筑起“点—线—面”有机串联的景观系统：依托特色空间，打造九大滨水景观节点——沙洲、湿地、集市、水陂、广场、河堤、花田、景观桥和木栈道；充分利用派潭河东西自然驳岸的变化，将自然驳岸与人工驳岸相结合，丰富亲水体验，增加公共空间；以水为脉，策划形成五大特色空间——乡情民宿区、湿地科普区、亲水活动区、农业观光区和生态栖息区。

打造统一、协调并富有派潭特色的标识系统。打造一套反映乡村景观节点、服务点及道路交通等旅游信息的标识系统，指导居民、游客快速、便捷地找到目的地。整体从标识的指示功能性、主题特色性、风貌协调性3个方面进行考虑。指示功能性指标识需包括重要节点标识、精品村庄标识、宣传标识、标语标识、指示标识等；主题特色性指标识需结合示范带主题，突出表达村庄及线路的特色；风貌协调性指要结合村庄文化打造整体简洁朴素、运用乡土材料、与村庄环境风貌相协调的标识。标识系统能在有效引导游客游览的同时，展示和宣传派潭镇乡村振兴的成效。

内优外畅好便利

派潭镇近年计划构建内优外畅的交通网络。首先，疏通交通网络，通过新建、道路拓宽等手段保证示范带主线路道路的交通通达性。对外加快行政村通沥青路的进程，优先建设连接重要景区的公路，实现每个旅游重点村与外界便捷连通；对内重点建设边缘村庄道路，实现景村连通。其次，形成全域“慢游”绿道系统，依托示范带主题建设，突出“生态+田园+文化”，用环形绿道网连接原有南北部绿道，重点进行西部绿道建设，并通过新建站点及提升交通连接度的手段合理布置沿线驿站。

通过道路整治提升行动，优化村庄道路。结合村庄空间布局，在符合消防、防灾等有关规定的情况下，完善和优化村庄交通体系，满足村民出行安全、便利的要求，保证村内道路与外部道路或公路联系通畅。村民居住集中区避免过境道路和车辆穿越，梳理通而不畅和往返迂回的村巷道。根据村庄的不同等级，道路整治提升采取不同的标准（见下表）。

村庄道路整治提升要点列表

整治要点		精品村	其他村庄
对外交通	满足公路达村要求	●	●
	满足客运公交到村要求	●	○
道路平面通达顺畅、宽度适宜等		●	●
路面铺装	主要道路路面硬化	●	○
	次要道路及宅间路路面铺装	●	○
路边排水设施建设		●	●
道路绿化建设		●	○
主要道路路灯建设		●	○

注：● 表示按要求整治；○ 表示有条件可整治，不作强制要求。

建设联通南北的派潭碧道。第一步，沿派潭河岸进行各类型的滨水绿化，打造沿河绿廊及各色驳岸的模式，包括自然生态保育段、活力生活体验段和田园风光游憩段。自然生态保育段采取修复滨水岸线、连接城市自然、加强沿河生态以及种植本地植物等做法，活力生活体验段采取打造公共节点、塑造活力空间、丰富娱乐活动以及连接滨水步道等做法，田园风光游憩段采取优化观景步道、完善亲水栈道、层叠观景退台以及漂浮水面步道等做法。第二步，依托碧道建设，构建结构完整的海绵城市体系。布置生态停车场、植生过滤带、建筑立体绿化等，控制径流总量，打造海绵亲水空间。通过对城市道路、道路两侧防护林带以及水岸空间的海绵化改造，合理布局海绵设施。基于公园绿地等大面积的自然下垫面，辅以低影响开发设施的布局，结合水文特征并发挥自然生态本底作用，增加雨水的自然下渗。

构建四级旅游服务设施。对旅游服务设施进行分级规划，结合旅游项目，设置合理的服务半径，设置一级旅游集散中心、二级旅游服务中心、三级旅游服务中心和四级旅游服务站4个层次，满足游客食宿行游购娱的各项需求。一级旅游集散中心作为区域综合服务点，结合游客中心、商业设施等，承担旅游交通中心、旅游信息咨询、旅游形象展示、旅游食宿、旅游购物等功能。二级旅游服务中心作为各个旅游点的主要服务中心，结合旅游点主题特色提供咨询、旅游导览、接待、特色餐厅等服务。三级旅游服务中心作为各个旅游点服务中心的辅助，提供旅游厕所、商店、单车租赁等服务。四级旅游服务站则是结合旅游发展需要所配套的旅游服务站，满足游客相关需要。

完善旅游设施，构建智慧旅游系统。派潭镇将以“互联网+旅游”为核心，推动互联网与传统旅游产业融合，进一步推动智慧景区、智慧旅游、旅游O2O（线上到线下）等新生市场，有效提升旅游管理运营效率。主要做法如下：依托GIS（地理信息系统）技术，基于手机移动端开发，建设以派潭全域旅游资源为主的移动终端服务系统。全面整合派潭所有旅游产业要素资源，涵盖食宿行游购娱等旅游六大要素，建立旅游大数据中心；基于GIS和移动终端的定位系统，获取全境游客实时位置，通过接通旅游主管部门（文旅部门或旅游警察部门），形成旅游信息监控系统；建立派潭全域景区（点）智能导览解说系统，通过统一建立各个景区（点）语音导览系统，帮助游客自助完成系统点播、自动触发播放，引导游客自导全程。

特色农业有优势

结合派潭优势资源，加快第一产业发展，促进农业规模化、农产品品牌化。为推动农业提质增效，派潭镇引进万果小镇、四季田园等乡村振兴项目9个，总投资达42亿元，其中被纳入区级乡村振兴重点产业项目的6个，被认定为省级“一村一品”专业村的3个，入选粤港澳“菜篮子”项目的5个，被认定为区级以上示范家庭农场的20家，培育农民专业合作社36个，积极推进新型乡村助农服务示范体系建设。

通过国有资产盘整、村庄耕地整合和流转，实现农业种植规模化，建设现代农业产业园。推动“数字车间”“植物工厂”“智慧养殖”等全智能化数字农业基地发展，推动农业种植数字化、智慧化转型。依托现有的5个粤港澳“菜篮子”项目，以及“一村一品”农业产品及名优农产品种植基地，建设红柿、荔枝、凉粉草、百香果等农特产品示范种植园，培育派潭特色农产品，实现品牌化。

全镇构建农业全产业链，实现三产联动融合。通过产业联动、要素集聚、体制创新，将资本、技术及资源要素进行跨界集约化配置，使农业生产、农产品加工和销售、旅游、休闲以及其他服务业有机地整合在一起，最终实现三产联动融合。搭建种养—加工—物流仓储—销售农业全产业链平台，并大力发展休闲农业、农耕研学、农业观光、电子商务等新业态。以密石红柿、邓路吓凉粉草、白水寨番薯为核心优势农产品品牌，延伸农产品加工链条，打造1个电商互联网示范村、4个农特产品大村：密石村、邓路吓村、七境村、高埔村、鹅兜村。依托现有或在建的农业示范项目，如联合国际智慧设施农业在鹅兜村的业务基础，引进优等的物流管理服务，设置以农产品加工、仓储、交易、物流配送为主要业务的“乡村物流产业园”。创立派潭镇农产品官方旗舰店及各电商平台旗舰店，创立微创全国联盟和创客空间、文创基地。通过网络渠道、第三方平台、微营销等多渠道销售，实现电商驱动下的一、二、三产业融合。

省级“一村一品”专业村 3 个 密石村红柿、邓路吓村凉粉草、樟洞坑村荔枝	规模养殖场 1 个
粤港澳“菜篮子”项目 5 个 广州禾三千农业发展有限公司项目基地、广州粤港澳农业发展有限公司种植基地、壹康（广州）食品有限公司、广州市宋小农电子商务有限公司、寻梦园生态农业（广州）有限公司	区级以上示范家庭农场 20 家
农民专业合作社 36 个	农业企业 109 家

特色农业

星级度假来派潭

结合派潭特有生态资源，融合自然山水生态，突出岭南地域文化与特色农产品的资源品牌，构建派潭镇独具特色的由资源导向型旅游向休闲度假生产生活过渡的全域旅游目的地产品体系。在此基础上，派潭提出了四大发展策略：生态引领，创新发展；提质升级，龙头崛起；筑巢引凤，品牌引爆；景村一体，主客共享。依托派潭镇全国落差最大的高山瀑布、众多的温泉湖泊、茂密的森林山地、富饶的乡村物产、多彩的人文资源，整合健康、农业、旅游度假、会议会展四大产业，对接粤港澳大湾区市场需求，打造集生态观光、健康疗养、温泉度假、商务会议、户外运动等功能于一体的粤港澳山水康养度假目的地，成为国家生态旅游示范区、粤港澳著名疗养地、粤港澳运动度假胜地和粤港澳会议拓展胜地。

打造全域全时的旅游体系。以山水为底色、温泉及农业为载体、文化为亮点打造多主题全域旅游项目，依托示范带建设，构建山水康养、田园研学、文化溯源3种旅游主题，以实现串珠成链，全域旅游。搭建全方位旅游服务平台，完善旅游配套设施。规划东洞村作为派潭夜经济示范区；植入十大旅游业态，开发特色旅游产品与活动，打造旅游品牌IP，实现全时旅游。

发展多主题全域旅游项目。在派潭镇内根据现有基础条件，发展多主题特色化的全域旅游项目（见下表）。

派潭镇各主题全域旅游项目一览表

序号	项目名称	建设内容	建设地点
1	白水寨风景区	白水寨风景名胜区、石马龙湿地公园、大尖山茶场	上九陂村、下九陂村
2	大封门水上运动旅游区	运动员疗养康复中心	高滩村、半边山村
3	温泉康养综合体	丰乐乡村综合体、密石红柿采摘园	榕树吓村、坳头村
4	夜经济示范区	独一处（不夜美食街）	田心塘村、朱屋村
5	派潭河观光区	养殖观光基地、垂钓休闲基地	何大塘村
6	牛牯嶂探险区	牛牯嶂探险基地、地质博物馆、山丘老巢休闲度假村	迳口村、樟洞坑村
7	乡野田园综合体	哈利农场百香果园、有机农场示范区	南坑村
8	生态农业观光基地	石达开故居、农耕文化博物馆	石龙头村
9	农耕研学基地	七境商业街、农耕研学基地	汉湖村、七境村
10	民俗展示基地	惠如悠闲山庄、华南雾柑红色文旅、增城松岭家庭农场	田尾村、大田围村
11	古村文创基地	南方乡村振兴综合体、广州冯公湖生态谷	新高埔村、邓路吓村
12	状元文农旅综合体	十七烈士墓园与森林公园、派潭农业公园、石屋森林公园	派潭村、围园村、大埔村
13	红色研学教育基地	红色研学基地、冠华山庄	石屋新村、广合村、大围村

资料来源：派潭镇政府。

搭好全方位服务平台。第一，依托主题线路沿线重要精品村，设立4个服务中心，在线路重要节点设置10处旅游驿站，提供旅游服务。第二，在七境村、东洞村建立包含特色美食街、特色展销街在内的综合购物设施，在景区设立与景点密切相关的特色商铺点，满足旅游购物需求。第三，构建以星级酒店为主体、民宿为特色、房车营地为补充的旅游住宿设施体系，满足游客居住的需求。

在全域旅游模式下，以景区内外一体化、城镇乡村一体化、居民游客一体化为策略，突出城镇、乡村旅游服务功能，实现派潭镇以旅游带动城镇、乡村有机更新的新型城镇化发展之路，让村民在家门口吃上“生态饭”，捧稳“致富碗”。具体采取五大举措：一是以入口门户和游客集散中心打造门户集散的城市品牌，二是以环境共享、设施共享和服务共享实现主客共建共享，三是实现包括生态文化、广府文化和客家文化在内的文化聚集，四是通过泛旅游产业整合和修补旅游基础设施实现“旅游+”功能修补，五是通过完善旅游驿站服务和构建全镇景区化管理标准打造服务驿站。

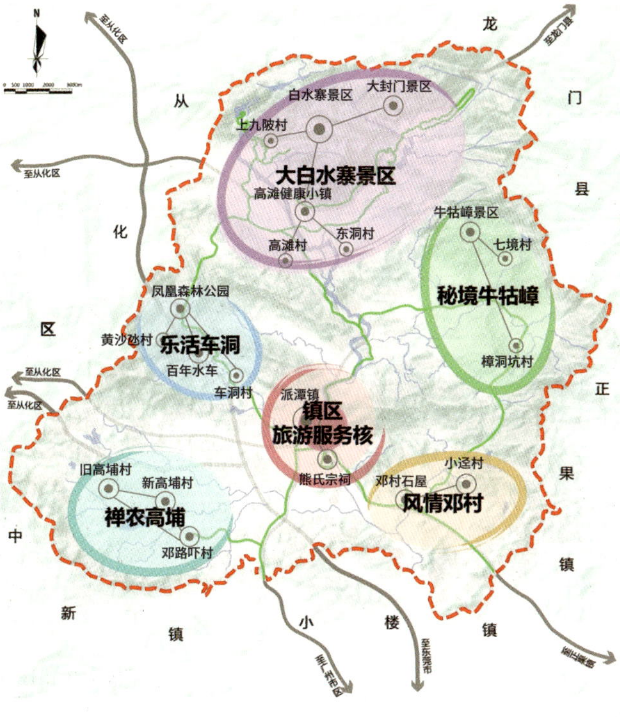

派潭镇全域旅游模式
（派潭镇政府供图）

产业融合新活力

派潭镇整合全镇已有资源，着力促进当地一、二、三产业融合发展，构造森林+旅游、健康+旅游、农业+旅游、工业+旅游、会展+旅游产业全融合工程，以产业振兴带动派潭乡村振兴。具体体现在以下几个方面：

依托派潭优渥的森林生态资源，进行观光研学、林间运动、素质拓展、森林养生、娱乐休闲、特色住宿、特色交通等旅游化延展，将其打造为森林养生基地、森林运动基地、森林素拓基地、森林研学基地、森林休闲度假胜地，实现森林+旅游的融合发展。

依托派潭丰厚的山、水、林、泉、田等自然资源，以及康养、医疗、农业等健康产业基础，进行医疗康养、体育运动、文化艺术、休闲农业、养生度假等产业化融合及延展，进而将其打造为以医养一体、生态休闲度假为主体的健康小镇，实现健康+旅游的融合发展。

森林＋旅游（印象派潭作品，派潭镇政府供图）

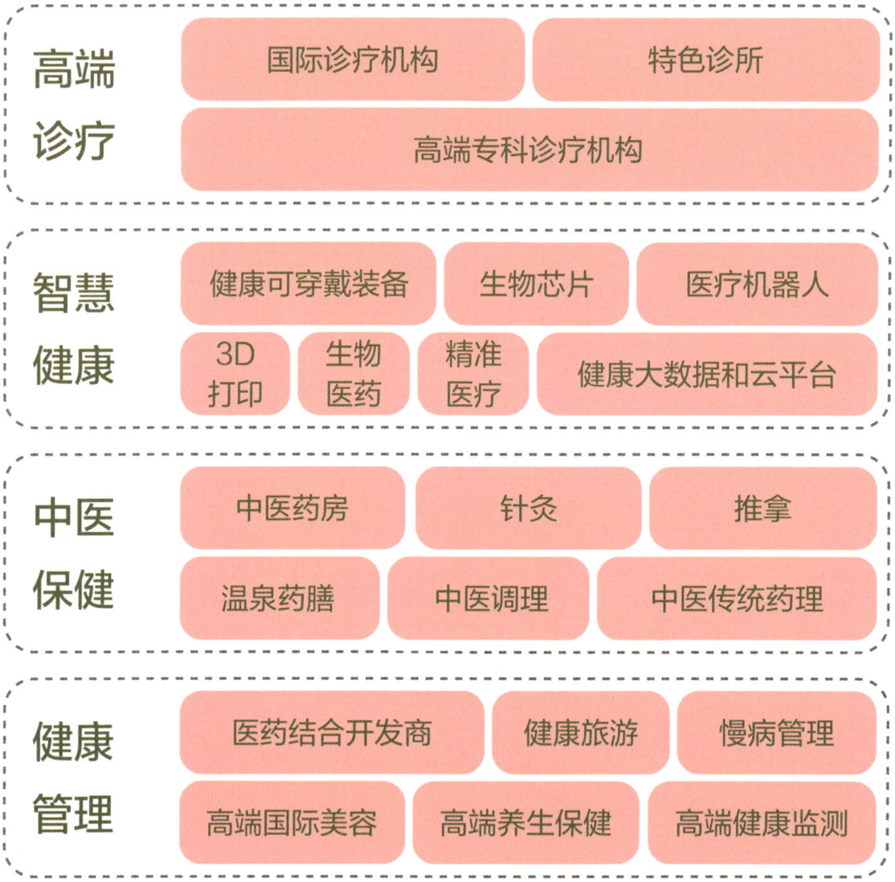

健康 + 旅游（派潭镇政府供图）

依托现有的名优土特产——红柿、凉粉草、番薯、荔枝等农果作物，以南部乡村田园为资源基础，进行规模化、产品化发展，打造一系列优势农产品牌，构建田园综合体、风情度假庄园等全域化农旅产品体系，加强农业与观光休闲、健康养生，拓展产业的市场，提升产业附加值，实现以旅游引领的休闲农业、生态农业快速发展，促进农业+旅游的融合发展。

促进工业+旅游融合，丰富目的地旅游形式，与镇域内其他旅游资源相结合，使旅游产品更加丰富。

又是荔熟时（巢金红　拍摄）

又是丰收年（巢金红　拍摄）

荔枝（印象派潭作品，派潭镇政府供图）

整合荔枝特色农产品物流资源，打造农产品物流业的示范园区。在园区设立研学体验区，开展中小学生荔枝物流体验活动，让学生在活动中体验从筛选、分类、包装、搬运到装车的不同步骤。通过将自己操作过的荔枝经物流送到家中，让学生们认识到每一颗果实不仅种植不易，从田地里到餐桌上也要付出很多的辛劳，从而达到珍惜食物、感恩劳动的食育效果。

发动镇域范围内的食品加工厂定期开展“以食易食小集市”活动。邀请中小学生在活动中自己挑选提供的食材，由工作人员带领，根据厂家的工艺对食材进行加工，将成果在集市上交易，在充满乐趣的活动中增强学生对食物的理解，也可促进厂家间的交流。

对游客开放牛牯嶂水电站，让游客观看水力发电的全过程，达到科普的效果。完善各项游览设施，对水坝进行夜间亮化，用光影打造水坝的夜间景观，并通过船游、低空游等多种方式，让游客能全方位地对水利设施进行游赏。

依托当地课桌椅、教具生产产业，开展“怀旧课堂”展示活动。利用空间布局，展示从中华人民共和国成立到如今不同年代的教室实景，使得不同年龄段的游客都能从设备设施的变化中感受到中国教育的进步。此举可以吸引游客，引爆市场，提高产业的知名度。

美丽牛牯嶂（印象派潭作品，派潭镇政府供图）

产业落地有保障

派潭镇从土地、政策、资金3个维度搭建平台，为促进产业落地、产业振兴提供坚实的保障机制。

一、构建用地保障机制

通过以下4项政策创新，统筹盘活存量集体土地，充分发挥土地使用价值，促进集约化发展。

一是与相关规划进行充分衔接，争取指标。结合全镇土地利用总体规划预留建设用地，衔接国土空间规划，并积极争取城乡建设用地增减挂钩节余、漂移指标，盘活农村存量土地资源，优化城乡土地利用结构。

二是充分利用设施农业用地政策。根据国家相关政策，设施农业用地的生产设施、附属设施和配套设施用地直接用于或者服务于农业生产，规模控制在项目用地的5%以内，不超过10亩土地，其性质属于农业用地，按农业用地管理，不需要办理农业用地转用审批手续。充分利用镇域内的设施农业用地，选取镇域内的“四荒地”（荒山、荒沟、荒丘、荒滩）进行设施建设，优先保障重点项目用地需求，促进镇域旅游发展。

三是积极开展“土地整治+”经营模式。通过“土地整治+生态空间”“土地整治+城乡统筹”“土地整治+农业产业化”“土地整治+阳光康养”“土地整治+精准扶贫”等多种“土地整治+”模式，积极推进镇域土地整治项目。

四是创新集体建设用地置换、租赁、入股联营。积极引导农民依法采取转包、出租、互换、转让、入股等方式流转承包地，鼓励农民通过合作与联合的方式发展规模种养业、农产品加工业和农村服务业，通过农民以土地经营权入股农民合作社、农业产业化龙头企业等创新模式，让农民分享产业链增值收益。

二、建立政策保障机制

探索建立一套高效的实施政策保障机制。镇政府出台促进乡村振兴相关实施项目的一系列支持政策，主要包括现代农业发展的投入、产业扶持、税费优惠、人才引进、产权重组、农村劳动力转移就业、农村居民社会保障等，成立乡村振兴工作领导小组，建立乡村振兴项目综合执法机制并成立产业发展数据中心。具体实施方法：促进现代农业健康有序发展、城乡统筹发展，加快基础设施向农村延伸、公共服务向农村覆盖；成立乡村振兴工作领导小组以完善党政一体领导机制，镇政府主要领导为组长，相关职能部门负责人为成员，具有决策职能、政策职能、指导职能与管理职能；建立包括目标责任制、决策征求制、联合督导制、项目联审制在内的多方合作工作机制；建立乡村振兴项目综合执法机制，包括旅游警察、旅游巡回法庭和工商旅游分局，并设置定期调度制；建立包括智慧旅游平台和数据统计中心在内的产业发展数据中心，大力推进数字乡村建设，促进信息技术与农机农艺融合应用并以数字技术赋能乡村产业发展。

三、强化资金保障机制

多元化强化资金保障，助力乡村振兴战略顺利实施。设立全域乡村振兴发展专项资金，并做好项目资金使用情况的绩效评价；培育多元投资主体，吸引社会资本，建立PPP（政府与社会资本合作）模式、BOT（建设-经营-转让）模式、众筹等投融资模式，推出“乡村振兴债券”产品，开辟“三农”建设资金新途径；加强财政支持力度，加大对旅游基础和公共服务设施建设投入力度，鼓励统筹各部门资金支持全域旅游建设；搭建乡村振兴投资推介平台，定期开展投资推介。

具体来看，首先，按照统一规划的产业分工，成立由龙头企业+科研院所强强联合的各类产业基地，形成农业科学产业孵化器，实现农业科学技术链和产业链的积极结合，促进农业集约化、规模化和产业化发展。同时，将分散的农户集中，让其以合约方式与企业合作，最大程度降低生产风险和生产成本，稳定并提高区内农民收入，保障农户利益。

其次，需要多渠道落实乡村风貌，提升资金保障。一是落实2020年中央财政农村综合改革转移支付（第三批）农房管控和乡村风貌提升专项资金1 000万元，对东洞村、高滩村等9个行政村进行相关农房外立面统一整饰以及乡村环境综合整治。二是落实区级乡村振兴专项资金逾1亿元，支持乡村农房外立面改造、乡村道路景观提升、乡村水环境综合整治等一系列乡村风貌提升工作。三是落实东洞村环境综合整治资金近5 000万元，对东洞村实行农房外立面统一改造、重要节点环境综合提升及三线下地。四是拟落实乡村发展补助资金约3 000万元，对东洞村、背阴村、高滩村、邓村村等村落及沿主干道农房外立面进行统一整饰。五是借助“万企帮万村”平台，发动企业广泛参与乡村风貌提升工作，如广东嘉得诚农业科技发展公司和广州福联农业科技发展有限公司，分别把邓村村和东洞村农房整饰等村容村貌提升工作纳入产业发展规划，为乡村风貌提升工作注入社会力量。

推进乡村振兴，人才是基本保障。乡村振兴战略的发展离不开强有力的人才支撑，人才振兴是乡村振兴的基础和关键，是实现乡村稳、农业兴的重要因素。乡村振兴是新时代“三农”工作的关键目标指向，拥有一支高素质的“三农”工作保障队伍尤为关键。

在此背景下，石潭镇坚持和加强党对乡村人才工作的全面领导，坚持把乡村人力资本开发放在首要位置，坚持把乡村人才振兴作为实施乡村振兴战略的重要任务，抓住“以人为本”这一核心，多项并举，通过“引进人才、留住人

石潭镇

第五章 人才振兴：以人为本 激发活力

才、培养人才”，为乡村振兴注入新兴力量，推动人才在服务乡村振兴中建功立业，激发广大农民群众的积极性、主动性、创造性，共同迈进乡村振兴的新时代。

石潭镇依托其资源基础和乡村建设成果，借助优良的生态环境和具有一定规模的工业基础，将生态文旅、红色文化、现代农业等产业有机结合，将美丽乡村转化为美丽经济；通过串联美丽圩镇、乡村产业、特色旅游景点，将精品资源有机连接聚合，推动城乡统筹发展，打造生态农业研学小镇。

人杰地灵石潭镇

温泉山水天然氧吧、古洞古寺古色村落，这里是广东省旅游休闲示范区、中国最佳文化生态旅游目的地之一——清新。

北秀明珠、绮丽石潭——清新石潭作为清远的“小桂林”，是人们休闲的天堂、艺术家寻找的宫殿。

石潭镇位于广东省清远市清新区北部，面积299.3平方千米，总耕地面积38 717亩，包含22个行政村（社区）388个自然村，约8.5万人。镇区距区中心60千米，距市区68千米，距阳山县城54千米，东邻英德市九龙镇、黄花镇，南面、西面与同区的浸潭镇相邻，北至阳山县的杜步镇、七拱镇，地处英德、清新、阳山的交汇地带，是清新区的北大门。国道G107线、清连高速纵贯全境，交通十分便利。境内气候温和，风景秀丽，山清水秀，石山林立，河湖分布其中，适宜旅游、居住。石潭镇原名“白石潭圩”，因今镇政府驻地旁有一白石

石潭镇

潭而得名。中华人民共和国成立后，地名逐渐简化为“石潭”。1960年成立石潭公社，1986年建镇。

一、人杰——陈可钰与教育振兴

常言说“一方山水养一方人”。山灵水秀的石潭镇孕育了一代英豪——先后任孙中山总统府大本营警卫团团长、国民革命军第四军副军长、广东省军事厅厅长的北伐英雄陈可钰将军。出生在石潭镇田心村的陈可钰将军，成为石潭镇人民永远的骄傲。陈可钰关心教育，自筹资金在家乡买地创建汝佩小学。1927年，陈可钰为清远县（今清城区、清新区一带）建立清远县立初级中学（后增设高中部并更名为清远县立中学）奔走效力。为纪念陈可钰将军，1947年3月29日经广东省教育厅批准，将清远县立中学更名为“清远县立景瑗中学”（陈可钰字景瑗），后发展为清远市第一中学。陈可钰晚年关心滨江中学的筹建工作，亲自用隶书题写了滨江中学的校名。位于石潭圩的陈可钰故居于1985年由县政府重修，名为“陈可钰将军纪念馆”。

二、地灵——五山、三水、一江

石潭镇山灵水秀，峰林叠岭，形成了独特的喀斯特地貌，有神圣岩、费岩、旺热岩等溶洞风光。石潭镇内形成了“五山、三水、一江”的自然格局。“五山”是指大雾山、横圳山、九牙山、雪顶山、大旗山，其中，镇域最北面的大雾山海拔达1 000米。石潭的河流发源于山坑、岩洞等地，水质优良，冬暖夏凉，有较高的养殖利用价值，在水源充足的地区养殖了高价值的中华鲟、鳗鱼等鱼类。“三水”是指境内有三条河流，它们分别发源于三座山峰：雷坑河发源于横圳山，大岩水发源于大雾山，白湾水发源于雪顶山。而“一江”即指由这三条河流汇聚而成的滨江。石潭的青山绿水早就声名远扬，早在20世纪80年代，珠江电影制片厂拍摄的电视剧《河畔人家》就在这里取景。

帮扶带来新契机

乡村振兴离不开教育振兴，发展乡村教育，培养后继人才，是乡村振兴的关键。清远市教育局作为驻石潭镇乡村振兴工作队的牵头单位，认真履行工作责任，与成员单位一道，共同把石潭镇教育发展谋划好，把乡村振兴规划制定好，最大程度地满足山区人民群众对教育的期盼。依托清远市教育局、市委组织部、市委编办、清远农商行、中国邮政清远分公司等帮扶单位的优势和资源，通过教育振兴支撑人才振兴，培育、造就本地人才，助力石潭乡村振兴，展现石潭新气象。

调整学校布局是破解石潭镇乡村教育振兴难题、推动乡村振兴的有效举措。石潭镇从节约教育成本、优化学校布局、因地制宜地整合和盘活教育资源、创新教育教学管理、发展美育等方面着手，将农村教育短板作为潜力板，努力打造清远市乡村教育振兴试点镇。

乡村要振兴，教育须先行。石潭镇政府坚持教育优先发展，持续加大对教育的支持力度；驻镇工作队以教育工作为突破口，通过深入调研，广泛听取各方意见，协调各方关系，理清工作思路，扎实做好各项工作，努力将石潭镇打造为乡村教育振兴的示范点和标杆镇。一是认真开展调查摸底，理清思路，制订切实可行、可操作的教育教学布局规划，按照先建后撤、先难后易的原则，在建好农村寄宿制学校的基础上，合理撤并农村教学点，减少涌向区中心的农村学生，助力解决义务教育“城市挤”的问题；二是进一步提升乡村教育教学质量，教育部门、学校要加强教育教学管理与研究，解决“农村弱”的问题；三是做实帮扶工作，加强控辍保学工作，整合各方资源，为老百姓办实事、办好事，为石潭镇乡村振兴贡献力量。

研学小镇聚人气

石潭镇依托其特色文化资源和历史资源、自然资源，探索“研学+”发展新模式，深度融合“绿、红、农”元素，打造集户外运动、摄影基地、农耕体验、生态观光、研学旅游于一体的独特秀美乡村形象。以生态农旅为导向，通过美丽乡村风貌带的建设串点成线，带动全域旅游发展，致力于为石潭镇发展一条精品研学旅游路线，建设生态农业研学小镇。

石潭镇连镇带村打造东西两翼美丽乡村风貌带，营造田园牧歌、山林人家的意象，以美丽乡村吸引优质人才。

左线打造以农旅休闲、精品民宿、户外运动为特色的滨江景观风貌带，构建圩镇—西安村—格水村—蒲坑村—大岩村—石湖村（与浸潭镇桃园社区连接）美丽乡村风貌带。

右线打造以农业、工业特色研学及科普培训为特色的乡村振兴风貌带，构建东安村—联滘村—中所村—中和村—白湾村沿乡道Y443东线（连接英西峰林）美丽乡村风貌带。

通过绿道串联山林公园、田园观光、汇丰生态园、花海观光等景观节点，结合现状基础策划丰富的游憩活动，增强绿道的趣味性，带动周边村庄发展。

一、生态农业示范基地

石潭镇以习近平新时代中国特色社会主义思想为指导，围绕广东省委、省政府关于现代农业产业园建设的总体要求，按照清远市委、市政府关于农业产业发展“五大一深化”总体要求提升行动总体部署，以农业供给侧结构性改革为主线，培育与石潭镇自然资源特点相匹配、与产业转型升级相适应的现代农业产业体系；以生态农业发展为主线，规模化种植，商品化加工，品牌化经营，科学化管理，创新利益联结机制，融合“农文旅研”和大健康，以政策引导、示范引领、龙头带动为抓手，坚持以市场为导向，以科技为支撑，以企业为龙头，以资本为纽带，推动本镇域现代农业产业园建设；完善产业链联动机制和示范带动机制，逐步将石潭镇“稻、茶、果现代农业产业园”打造为产业优势突出、运行机制灵活、带动能力较强的产业体系，为全区、全市乃至全省镇域现代农业产业园建设提供可复制、可推广的经验。

石潭镇加快培育农业龙头企业、专业合作社、家庭农场等新型农业经营主体，以龙头企业为主体主导产业，带动石潭镇特色农产品向纵深发展，增强石潭镇综合实力，提升其吸引力和辐射能力，重点发展蒲坑茶种植基地、丝苗米种植基地、坚果种植基地、砂糖橘种植基地、蔬菜种植基地、水产养殖基地等。主要产业规划项目有丝苗米规模化种植、加工基地，蒲坑茶种植、加工基地，坚果及砂糖橘种植、加工基地，石潭镇（蒲坑）生态农业示范园，石潭镇乡村振兴产教融合创新中心，5G电商（茶叶类、坚果类、橘子类、蔬菜类）交易物流园。

特色农业

2022年4月18日上午，清远市旅游投资集团有限公司（以下简称“市旅游集团”）与清远市农昌农业科技发展有限公司（以下简称“农昌农业”）举行共建丝苗米产业示范基地签约仪式。市旅游集团党委书记、董事长林祖军，党委委员、纪委书记、监事会主席李莉，党委委员、副总经理林新松，以及农昌农业董事长刘永潮、董事林伟文、项目规划总监刘启升等出席了签约活动。市旅游集团党委委员、副总经理兼清远市宏天农业投资开发有限公司负责人孙镇华与农昌农业法人代表霍孟分别代表双方签订了共建丝苗米产业示范基地合作协议。

广东省丝苗米跨县集群产业园（清远市）入选2022年省级现代农业产业跨县集群产业园推荐名单。该产业园是清远市清新区石潭镇重点发展的产业基地，建设基地占地面积200亩。该基地是市旅游集团落实市政府打造“五个百亿”农业产业部署要求，以清远市宏天农业投资开发有限公司农业战略平台为抓手，与农昌农业整合各自资源优势，合作共建的丝苗米产业示范基地项目。该基地以打造“美林新地”万亩优质水稻种植基地为依托，以建设丝苗米跨县集群现代农业产业园为近期目标。

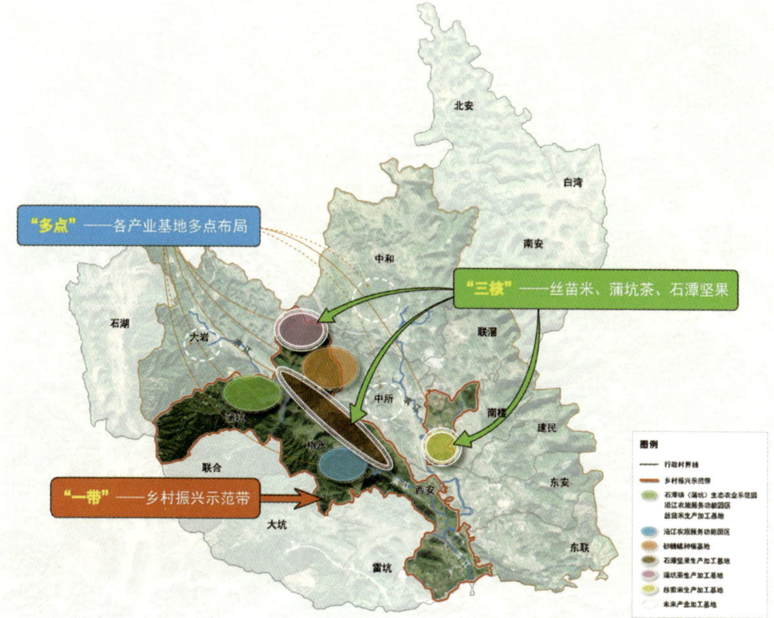

石潭镇镇域稻、茶、果现代农业产业园总体布局示意图

第一期首先启动建设丝苗米现代化育秧工厂、智能化丝苗米烘干中心项目。在第二期规划中，计划与广东省农业科学院展开合作，创办优质丝苗米科研基地，建设丝苗米跨县集群现代农业产业仓储、物流及深加工等项目。同时开展相关品牌孵化，拓宽市场合作渠道，搭建运营平台等，为推动清远农业产业高质量发展贡献国企力量，探索新时代农业产业发展的“清远经验”。

未来，还计划整合项目周边的山水风光和乡村资源，发展乡村休闲旅游产业、观光生态农业和乡村民宿产业，打造集种养产业、休闲体验、研学实践为一体的农业生态休闲旅游综合体，打造清远农旅融合产业示范新高地。

产业园建设项目内容及实施主体一览表

序号	产业分类	实施主体	建设内容及规模
1	丝苗米生产加工基地	清远市宏天农业投资开发有限公司（牵头实施主体）	1. 丝苗米现代化育苗工厂，10 亩； 2. 丝苗米烘干加工中心，300 吨 / 日
2	丝苗米生产示范基地	清远市农昌农业科技发展有限公司	丝苗米生产示范区，15 000 亩
3	蒲坑茶生产基地	清远市清新区大岩山茶叶种植有限公司	1. 蒲坑茶文化馆，375 平方米； 2. 育苗场，2 亩； 3. 新建种植基地，150 亩； 4. 旧茶园改造，80 亩； 5. 种植基地土壤改良，230 亩
4	蒲坑茶生产加工基地	清远市清新区石潭镇大雾山九品茶叶农民专业合作社	1. 种苗繁育，20 亩； 2. 新建种植基地，250 亩； 3. 加工厂扩建，共 1 300 平方米，年产能 50 吨
5	蒲坑茶生产基地	清远市清新区石潭镇蒲坑村土南种植专业合作社	新建种植基地，130 亩
6	坚果生产加工基地	清远市清新区日强坚果种植专业合作社	1. 石潭坚果种苗繁育基地，10 亩； 2. 坚果标准化种植示范基地，300 亩； 3. 坚果智能化数控设备生产流水线，1 000 吨 / 年
7	砂糖橘生产加工基地	清远市清新区瑞泰农业有限公司	1. 砂糖橘标准化种植示范基地，300 亩； 2. 砂糖橘生产基地改造，2 000 亩； 3. 砂糖橘处理加工厂房，650 平方米

续表

序号	产业分类	实施主体	建设内容及规模
8	石潭镇（蒲坑）生态农业示范园	广东大智农业科技有限公司	1. 山地生态农业研学示范基地，50 亩； 2. 现代化植物育苗工厂，3 亩； 3. “稻—稻—肥”、“稻—蔬—肥”、“稻—薯—肥”轮作示范基地，400 亩； 4. 设施农业与科技成果转化产学研示范基地，10 亩； 5. 农作物良种良法示范推广基地，30 亩
9	乡村振兴产教融合创新中心	清远市职业技术学校及有关高校和科研单位	1. 乡村振兴产业研究院； 2. 新成果孵化中心； 3. 应用技术研究室； 4. 质量检测实验室； 5. 人才培训中心
10	5G 电商农产品交易物流园	石潭镇人民政府及各投资主体	1. 5G 电商（茶叶类）交易物流园； 2. 5G 电商（坚果类）交易物流园； 3. 5G 电商（橘子类）交易物流园； 4. 5G 电商（蔬菜类）交易物流园
11	配套基础体系建设	石潭镇人民政府	1. 土地整治整合、连接主路的分支交通路网、排灌系统、通信管网、高压变电站选点、环卫站、游客服务导向系统等； 2. 滨江河道清理、水质净化处理体系、沿江江景就势打造、沿江绿色观光通道建设、沿江山体四季景观组团、点状配套农旅服务项目建设等方面的重点打造
12	区域公共品牌创建	石潭镇人民政府及相关单位	1. 大品牌“清远（石潭）丝苗米”建设； 2. 老字号“蒲坑茶”品牌建设； 3. 新品牌“石潭坚果”品牌建设
13	科技支撑体系创建	石潭镇人民政府及华南农业大学、广东省农业科学院、广东科贸职业学院、广东岭南职业技术学院、清远市职业技术学校等科研院校	1. 丝苗米种质资源、生产加工、数字农业等技术支撑服务； 2. 蒲坑茶种质资源、加工仓储、功能功效分析等技术支撑服务； 3. 产业孵化、人才培育、技术培训等技术支撑服务

二、生态旅游体验圈

石潭镇山清水秀，拥有丰富的旅游资源。近年来，石潭镇扎实开展农村人居环境整治和美丽乡村创建，农村人居环境有较大改善，为发展特色乡村旅游奠定了坚实基础。其中，联滘水西村已建成水西初心农庄、水西清新人家民宿、“V村小舍”农产品销售直播厅、篮球场、停车场、五色水稻田园观光栈道、特色石板街等设施，并于2019年被评为“广东省美丽乡村特色村”。

石潭镇紧紧围绕“生态农业科技小镇”的定位，发挥特色资源优势，建设原生态旅游项目，全力打造以清连高速为界线的东西“两翼”，建设水西田园综合体小镇，打造汇丰生态农业田园综合体基地，把第一产业种植业和第三产业观光旅游、乡村旅游结合起来，共同发展，让游客体验乡村骑行、漫步、赏花、摘果，体验农家乐，享受农家美食，了解蒲坑茶的种植、加工，品尝蒲坑茶，积极发展以现代生态农业和健康养生为主的原生态休闲乡村旅游产业。

石潭镇相继打造汇丰生态农业田园综合体、南安生态旅游圈、游客服务中心、生态旅游基地、环状生态绿道、摄影基地、户外攀岩基地、初心农庄等项目。

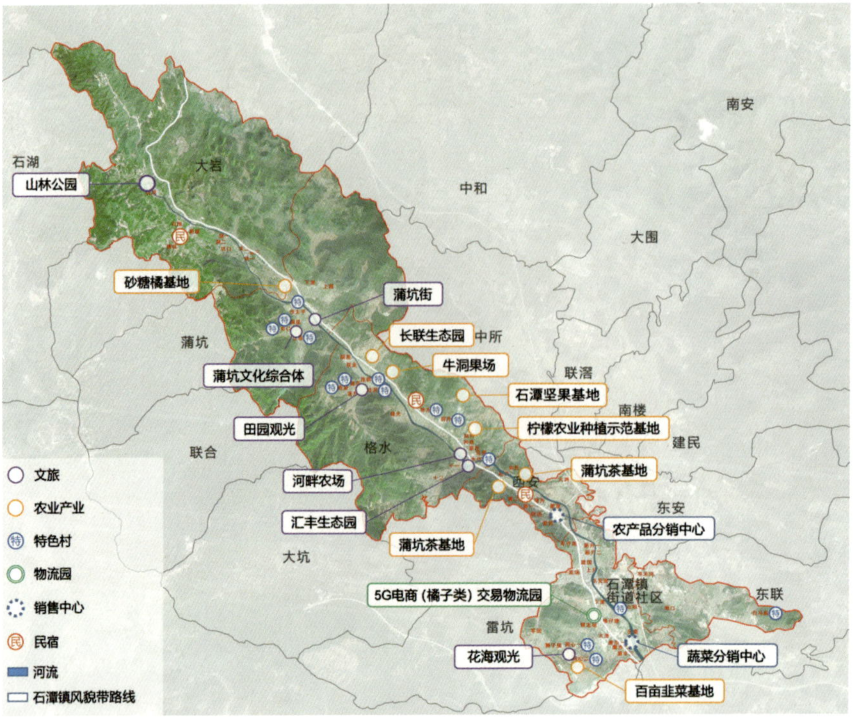

文化旅游深度融合特色片区

完善模式纳英才

从2015年起，水西村党支部以乡情为纽带，坚持探索“党建引领、乡贤助力”的工作模式，积极发挥乡贤群体特有的优势，引导乡贤反哺家乡，以“乡贤+服务”“乡贤+项目”“乡贤+资源”的形式助力乡村振兴。

“大家好，我是清远市清新区水西村乡村新闻官刘逢明，我们水西村好山好水，欢迎各位‘老铁’来水西村，品尝我们的特色农家菜。”2016年冬，水西村初心农庄外，寒风刺骨，冷雨飘飘，而农庄内却是一片火热，当选为水西村乡村新闻官的刘逢明正在快手“网红”的辅助下，开始其首次快手直播。

如今已成为水西村代言人的刘逢明，虽然出生在水西村，但在2016年以前，他俨然是一个“城里人”——在城市里生活、在城市里工作，逢年过节才回一趟水西村。2016年，刘逢明放弃多年的城市生活，举家回到水西村，开始了自己的第二次创业生涯。

建立村里首家农庄、策划举办清新区首个芦笋节、成为快手“大V”、当选水西村乡村新闻官，刘逢明将自己与水西村深度“捆绑”，成了村里的形象代言人。在快手上，刘逢明发布了100多条短视频，累计获得近1 500万人次的播放量。不少网友因观看了他的短视频而来到山水秀美的水西村，当地游客量增加了40%。水西村产的芦笋、腐竹、绿头鸭和山水豆腐也成了“网红”产品。

石潭镇高度重视人才工作，着力创新人才工作体制机制，不断完善招才引才政策体系。水西村设立乡村新闻官，正是石潭镇不断完善“党建引领、乡贤助力”工作模式，吸纳英才反哺家乡，助力乡村振兴的成果。

校镇企合作育人

校镇企三方合作共同培育本地新型技术人才，创新人才振兴，是石潭乡村振兴的一大亮点。石潭镇分别与广东岭南职业技术学院和广东大智农业科技有限公司签订了战略合作协议，校镇企三方展开深度合作。石潭5G电商交易物流园与职业院校产教融合校外实践基地深度融合建设，结合人才驿站建设，将重点开展助农服务、直播带货、农村电商培训等项目，积极探索“中高本”校镇企合作共同育人的新模式。

广东岭南职业技术学院是2001年5月经广东省人民政府批准成立的一所集医药健康类、电子通信类、现代制造类、财经管理类和创意设计类专业为一体的民办高等职业技术院校。2006年，学院通过教育部高职高专人才培养水平评估；2013年，被确定为省级示范性高职院校建设单位；2015年，被评为“广东省大学生创新创业教育示范学校”。

广东大智农业科技有限公司是一家专业提供农业咨询与农业信息化服务的公司。该公司主要提供农业工程咨询、农业项目设计、农业发展规划等咨询服务；同时提供农业信息化开发服务，为客户提供微信平台的个性化开发与运营服务；还开发了农民专业合作社服务平台。

2022年4月20日，广东大智农业科技有限公司在石潭镇蒲坑村举行石潭镇（蒲坑）生态农业示范园开耕暨驻点科技支撑单位揭牌仪式。公司将围绕石潭镇“生态农业研学小镇”的战略定位，以“生态立村，产业强村，研学兴村”为目标，以“党建引领，科技支撑，人才驱动”为依托，通过“组织化、集约化、产业化”路径，探索喀斯特地貌山地农业农村现代化可行模式，探索在蒲坑村联农带农、共同富裕的创新模式。

企业和驻点单位提供资金、技术支撑，园区发挥政策优势，整合耕地，统一化、机械化开展农业生产，探索形成“组织化、集约化、产业化”的高效生产模式，推动石潭镇农业农村现代化，为石潭镇乡村振兴高质量发展注入动力。

颜值提升集乡贤

在“破解城乡二元结构，加快城乡融合发展”方面，石潭镇大力推进高效集约新型城镇化建设，全面激活乡镇发展内生动力，以乡村振兴为契机，推进道路拓宽、农村道路硬底化、水利设施建设、危桥改造、镇级生活污水处理厂建设、垃圾填埋场扩容建设等项目建设工作，不断完善基础设施建设，以此吸引外出就业的乡贤返乡。一是完善交通基础设施建设。二是推进落实PPP模式，协调建设石潭镇生活污水处理厂。三是开展村村通自来水管网建设。四是加快垃圾填埋场扩容应急工程建设。五是做好拆旧复垦工作。六是推进高标准农田建设。

石潭镇持续深化环境保护和治理，全面改善镇容村貌。一是深入开展农村人居环境整治。全镇共有21个行政村（社区）的322个自然村被纳入人居环境整治任务规划，目前322个自然村已完成整治任务，完成率100%；同时，积极开展美丽乡村建设，全镇140个自然村被纳入2019年美丽乡村“干净整洁村”创建任务规划，目前55个村已通过验收，85个村正在创建阶段。二是推进农村“厕所革命”。全镇纳入农村改厕范围户数为10 341户，累计改成卫生户厕10 308户，卫生户厕普及率达99.7%，无害化卫生户厕普及率达99.7%；2019年新建25间农村文明公厕，全镇农村文明公厕建造累计达71间；此外，建成2A级文明公厕1间，2020年年初已投入使用。三是推进雨污分流建设。石潭镇153个自然村已完成雨污分流管网建设或暗渠化建设，完成率为47.52%；已完成污水处理设施建设的自然村151个，被纳入城镇污水处理系统的自然村15个，已建有污水处理池138座。四是深入推进生猪养殖场清理整顿工作，将辖区内不符合用地或环保要求的养殖场关闭整顿；加大环保巡查力度，规范生猪养殖场粪污排放，对偷排、漏排、直排的养殖场严格清理，从重处罚；大力推行绿色种

特色村落规划 | 建筑风貌改造

设计说明： 延续已完成立面改造的建筑的风格，对特色部分进行改造。

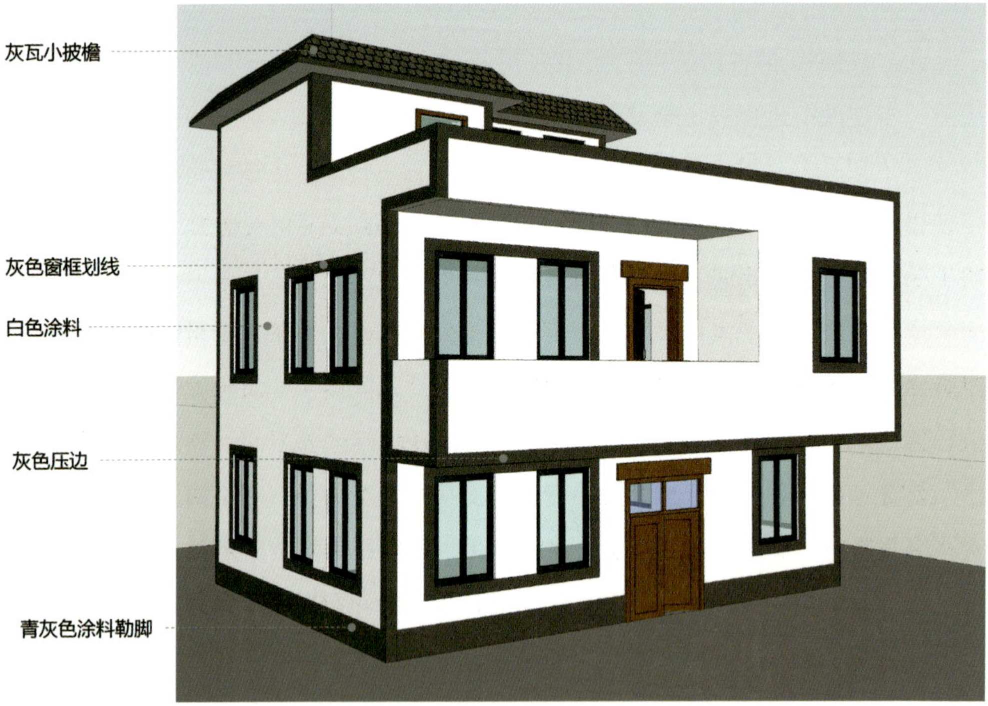

建筑风貌改造效果图

待改造建筑

改造后建筑

特色村落规划 | 公共厕所设计

设计说明： 特色村和景区内需新建公共厕所，满足游客和村民的日常需求。公共厕所的外观设计延续建筑立面灰瓦白墙的风格。

透视图

特色村落规划 | 垃圾收集点改造

设计说明：对村内现有的垃圾收集点进行改造，内部需要配备消防、排污、给水等设施功能。

现状待改造垃圾收集点

改造后的垃圾收集点透视图

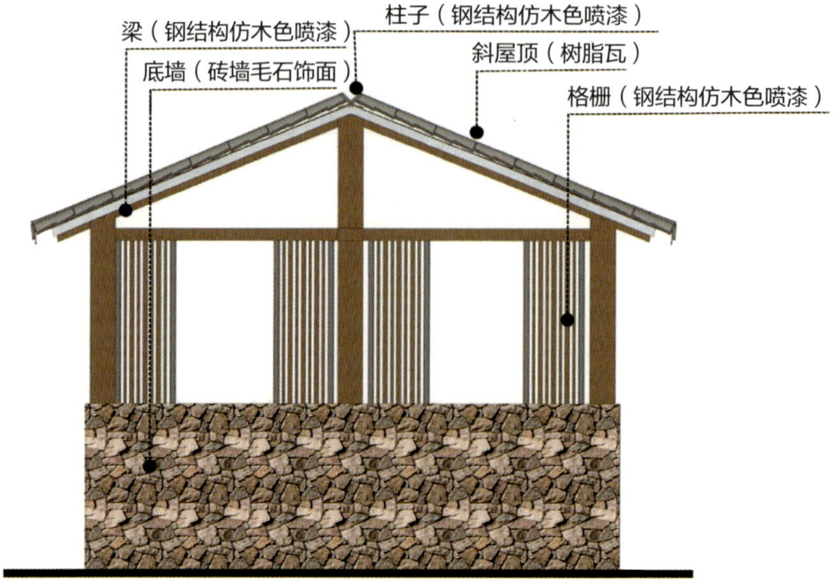

侧立面图

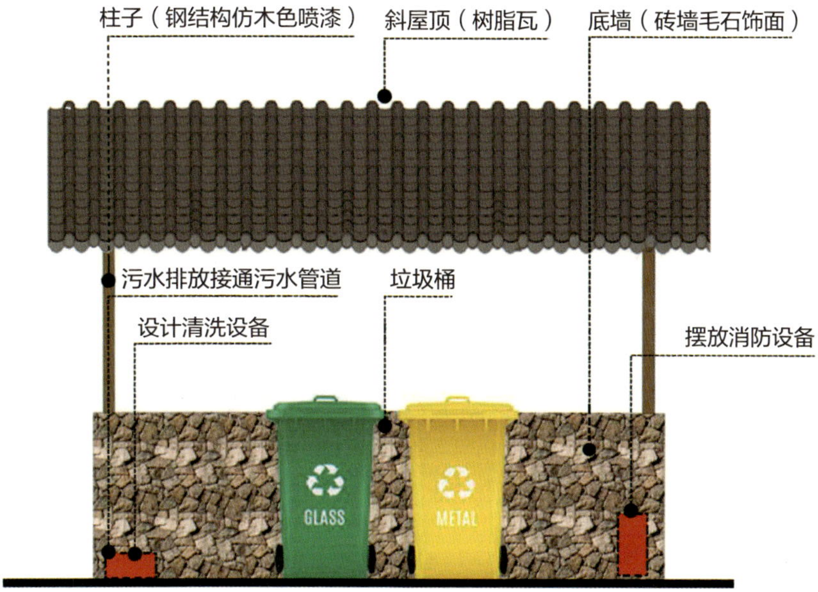

正立面图

植技术，对河流周边农作物种植进行科学指导，降低农药和化肥使用量，减少水体污染。五是全面推行河长制工作。严格落实河道管护制度，每半年开展一次“清漂”专项行动，对全域河道范围水面漂浮物进行集中清理，现阶段已对中所马山石翻板闸、东安大陂头、马头石陂头等地进行了集中清理，共出动河道管护员65人次，清理河道14千米，清理漂浮物35吨。六是区域生态修复和保护工作有序进行。进一步优化全镇森林树种结构，加强林地林木监管和生态系统保护工作，充分发展特色经济林、林下经济、森林旅游等林产业，并通过林业技术部门优先对涉及改造的林农提供技术指导，在5年内通过引导林农过渡，形成本地优质树种、华南原生态阔叶林的林相，完成桉树林的改造和退出工作。

文化振兴是乡村振兴的重要组成部分，关系乡村持续发展的内生动力。习近平总书记强调："要推动乡村文化振兴，加强农村思想道德建设和公共文化建设，以社会主义核心价值观为引领，深入挖掘优秀传统农耕文化蕴含的思想观念、人文精神、道德规范，培育挖掘乡土文化人才，弘扬主旋律和社会正气，培育文明乡风、良好家风、淳朴民风，改善农民精神风貌，提高乡村社会文明程度，焕发乡村文明新气象。"

锦绣山水远俗尘，三江瑶城名天下。瑰丽多彩的瑶族文化，与千姿百态的峰

三江镇

第六章 文化振兴：文化力量 展现新风

峦、虚无缥缈的云海、莽莽苍苍的森林、迂回曲折的江水、遍布山野的奇花异树，构成了一幅幅“天下瑶城，生态三江”的美丽画卷。

三江镇坚持以乡村振兴为核心，深度挖掘文化价值，探索以文化产业引领乡村振兴的新思路，构建“风貌特”“产业旺”“文化兴”的多元一体发展格局，打造集森林度假、瑶乡体验、研学教育、田园观光于一体的广东省乡村振兴示范镇、粤港澳大湾区森林康养田园休闲名镇。

瑶寨村落幸福梦

（一）青峦叠翠，甜泉绕村，蜿蜒曲折通瑶乡

瑶寨依山而建，房屋层叠，错落有致；石板道纵横交错，主次分明；周围山势险要，溪水奔流，群峰叠嶂。站在寨顶眺望峰顶，只见云遮雾绕，仿若置身仙境。

这里是广东省瑶族文化保留最完整的地方，也是全国唯一的八排瑶聚居地、中国民间文化艺术（耍歌堂、长鼓舞）之乡、中国瑶族刺绣艺术之乡——连南瑶族自治县。

连南瑶族自治县位于广东省西北部，是清远市下辖的县级行政区，县域面积1 306平方千米。东北部与连州市交界，东南部与阳山县相连，南面紧接怀集县，西面毗邻连山壮族瑶族自治县，西北角与湖南省永州市江华瑶族自治县交界。

（二）黛瓦黄墙坡屋顶，瑶族花纹“红腰带”

三江镇地处连南瑶族自治县东北部，是粤北“三连”（连州、连南、连山）中心，全镇总面积218.87平方千米，下辖1个社区、10个行政村共79个自然村。

连南三江瑶乡人民热情好客，当地流传着瑰奇多彩的瑶族故事传说。建造于山顶、山腰和山脚湖溪畔的瑶族民居造型独特，别具一格，古朴又神秘，展示了瑶族独特、绚烂的民族文化。

连南风景（连南瑶族自治县政府供图）

一、三江缘自农耕文化

三江镇农耕文明历史悠久，考古工作者在城东北的猫公山岩洞里发现了新石器时代的石锛、石刀和夹砂粗陶以及制陶工具，表明早在五六千年前，已有先民在三江地区繁衍生息，并从事原始的农业生产活动。

大约在2 000年前，中原文化已经传播到这里，汉族人口已有相当数量了。到了东汉时期，沛相袁忠的子孙将中原使用铁制农具耕田的先进农耕技术带到三江，在三江河修筑了珠江水系第一个拦河筑坝的水利工程——龙腹陂，标志着岭南水利和农耕技术的新推进、新发展，开启了岭南先进农业之先声。此龙腹陂所在地正是太保河、涡水河和沿陂河的交汇处，“三江镇”地名由此而来。

“觅景何须去桂林”，这是广东著名作家陈残云先生到三江欣赏龙腹陂后有感而发写下的诗句。周围的青山倒映在平静清澈的江面上，形成了一幅绝妙的山水风景画，这便是新“三江八景”之一——龙腹晴澜。

三江镇（三江镇政府供图）

二、三江诞生瑶族故事

瑶族具有悠久的历史。秦汉以来，瑶族和南方一些少数民族被统称为“蛮”，后又被称为“武陵蛮”或“五溪蛮”。瑶族的名称最早见于《梁书·张缅传附弟缵传》：“（湘）州界零陵、衡阳等郡，有莫徭蛮者，依山险为居，历政不宾服。”《隋书·地理志》载：“长沙郡又杂有夷蜒，名曰莫徭。自云其先祖有功，常免徭役，故以为名。”这里的“莫徭”指的就是瑶族。

三江的东塘山岭还留有秦汉时期修筑的古驿道，它便是瑶族进入三江的大道。这古驿道往东南方经三排镇牛头岭进入阳山境内，往西北则途经三江镇的东塘、联红、新和，与连州的石角衔接，是三排、连水、油岭、南岗、牛头岭等地瑶族人民通往三江圩的必经路径。每当三江圩日散圩之时，一群群瑶族人民乘着酒兴，携着购来的生活用品，在山径间步步登高。远远望去，人影若隐若现，悠扬的瑶家歌声随风飘荡，无数的红头巾、翎羽雉毛、耳环、项圈在夕阳辉映下多彩多姿，与大自然中的石径及石径旁的野花构成了一幅动静结合、色彩斑斓的画卷，这便是新“三江八景”之一——花径瑶归。

瑶族经过长期的迁徙，到隋唐时期，已有一定数量的先民进入粤北地区居住。

唐代诗人刘禹锡被贬连州时，曾写下题为《连州腊日观莫徭猎西山》的诗篇，反映了连州地区（连南当时属连州）瑶族人民的生产片段。到了宋代，在今湘、桂、粤边境地区，形成了一个瑶族聚居的中心。宋庆历年间，当地的瑶族进一步向韶州（今韶关）和连州的山区迁徙。

明代，广东瑶族人口发展壮大，人数越来越多，三江地区已逐渐成为乡人的贸易市集，居民密集，建有城郭。到了清康熙四十二年（1703年），清政府又建起一座新城，新城、旧城相连，三江城便形成了初具规模的小镇，成为附近瑶汉等各族人民赶集交易的中心。

中华人民共和国成立以后，政府为了改善瑶族人民的生活环境，逐年拨出专款，帮助大批瑶族人民下山。排瑶部分迁离原居住地，到山下平地田峒定居，归属三江金坑村；小部分过山瑶分布在三江城镇。

由此可见，从秦汉以来，历宋迄明，现在的连南地区就已逐渐成为瑶族的聚居区，而三江已成为瑶汉两族和谐交往的地方。三江镇瑶族文化浓郁，瑶族文化特色鲜明，留存有耍歌堂、长鼓舞、唱春牛、排瑶民歌、瑶族刺绣等非物质文化遗产，开耕节、稻田鱼文化节、盘王节等节庆习俗，以及稻田鱼、瑶家秘制牛皮酥、瑶家竹筒饭、瑶山薯脯等特色美食。

三、三江瑶汉同心抗日

在抗日战争时期，民间武装在击退侵华日军方面起了重要作用。嗅枪，又称鸟铳，当年嗅枪队的发源地就在这个世代以打猎为生的瑶族山村里，一些居民的家里至今还保留着嗅枪。瑶族的嗅枪队成员过去长年累月和野猪等猛兽搏斗，早已练就眼疾手快的本领。后又在武装抗战练习中进一步提高了射击本领，枪法更是准确。民间自发组织的农民自卫队，除了给中国军队送饭送水，帮助抬伤员、埋尸体、通传消息外，也自发打击过日军，为抗战做出了贡献。

1945年5月12日，在大批日军行进途中，瑶汉两族群众带着50余支嗅枪，按照部署，两三人一队，分散藏在难以被日军发现的茅草和刺蓬当中，把守在“呛口”上，勇敢地与日军交锋，用嗅枪的子弹射击了无数敌人。

瑶汉民族在家国有难的时刻，团结一致，同心协力，共击敌人，情同手足。三江镇金坑村被誉为“革命的热土”和“连南瑶乡第一面红旗”，享有红色历史荣光。1949年7月，中国共产党为开辟金坑、大龙山、小龙山这块粤桂湘三省接合部游击根据地，组织瑶族革命队伍支持武工队开展武装斗争，在连南瑶族聚居区金坑乡瓦角冲村插上了中国共产党在连南瑶乡的第一面红旗。

滞后发展待破局

中华人民共和国成立后，战后复苏的三江一度兴盛，各项建设日新月异。政府逐年拨款，破旧立新，一幢幢大楼拔地而起。人们把原来的窄小街道扩宽整修，铺成平坦的水泥街道。街道两旁建起各机关办公大楼和住宅，并先后建起了三江大桥和南门大桥，连通三江河两岸。近年来，县政府对三江镇建设作了全面规划，新建了商业城、顺德大道、瑶山路、旺角路、景观路、黄埔路、沿江路等，街道两旁的新建筑物鳞次栉比。随着生产发展，人民收入增加，新的居民住宅如雨后春笋，在近郊形成了连片的新村。三江镇内还办起了食品厂、毛织厂、木材加工厂、民族纺织厂、服装厂、电机厂、玻璃厂、机械厂、水泥厂等几十间工厂，产品畅销县内外。县城至广州、韶关、连州、连山以及县内各乡镇，都有班车往来。每逢圩日，市集繁荣，日用百货和农副产品琳琅满目，各族人民互通有无，交易十分活跃。

但是，新型城镇化进程已打破三江的平衡发展。虽然近年来在党中央的指导下，少数民族特色村镇保护与发展工作正稳步推进并已取得了相当显著的成效，但在此过程中，由于规划先行性尚不足，政策的精细化和个性化欠佳，少数民族特色村镇的保护与发展同质化问题突出，发展主题与定位个性不足，发展后劲亦不足。三江镇如今仍面临着许多棘手难题。

一、文化特色逐渐消失

瑶寨特色消失殆尽。连南作为广东省瑶族文化保留最完整的地方、全国唯一的八排瑶聚居地，有着被誉为“中国瑶族第一寨”的千年瑶寨。三江也留存着许多古老的、极具特色的瑶寨。可是在发展的进程中，传统建筑无人保护，大都年久失修，加上本身就是损耗快的砖木结构，在遭受风雨洗刷、火灾、洪水及各种生物破坏等天灾人祸后，建筑主体部分便逐渐腐朽凋败，特色风貌逐步消亡。例如，三江镇金坑牛头村是一个传统建筑群落保存较完好的瑶寨，但目前20%的房屋已经坍塌，只剩下一地残砖碎瓦，其余多间房屋也有不同程度的损坏，如再不修缮保护，必将很快消亡。

民族特色革风易俗。曾经，受居住环境和生产方式影响，瑶族主要采用山地民族的传统生活方式。现在由于居住环境和谋生方式的改变，瑶族人民生活方式日益现代化和城镇化。为了适应自然和地理条件，连南瑶族历史上主要有农业、林业、半农半林3种生计类型，加上依山而居的生活方式等因素，形成了具有鲜明特色的山地农耕文化。但在社会高速发展、人口流动和迁徙愈加频繁、信息流通和传播速度更加迅捷的背景下，连南瑶族传统习俗正在快速变迁。

传统建筑损坏严重

二、民众生活不尽如人意

支柱产业根底未深。三江镇是农业大镇，全镇播种面积4.5万亩，粮食种植面积1.2万亩，以水稻及蔬菜等经济农作物为主。无花果种植和香菇培育是其两大优势产业，且初具规模。除此之外，莲藕、椿芽菜、茶叶、兰花等特色农产品总体种植规模较小，农业结构传统，农作物经济效益较低。因此，三江镇主要支柱产业为农业。目前已发展了2个现代农业产业园——稻茶鱼省级现代农业产业园和茶药菌现代农业产业园；拥有3个“一村一品、一镇一业”品牌，分别为大龙香菇、城西蔬菜、联红无花果；拥有8个农业生产基地，分别为大龙香菇培育基地、内田中药种植基地、金坑兰花种植基地、坑口示范茶园、莲藕种植基地、塘冲乳鸽养殖基地、椿芽菜种植基地、沃柑种植基地。

三江镇虽然在乡村振兴与农业发展方面取得了一定的成就，但是由于整体农业产业规模较小、耕作方式较为传统且机械化程度不高、产业特色不明显、专业性人才匮乏等原因，农业发挥的支柱作用仍然较薄弱；而三江镇的第三产业还处于发展的起步阶段，旅游资源优势未得到发挥，这致使三江镇发展内生动力不足，缺乏自我造血能力，该镇的发展与振兴依然存在一定的困难和挑战。

集体经济受到制约。农村发展缓慢是导致集体经济收入低的重要因素之一。三江镇的村集体经济发展缺乏一定的产业支撑，经济发展薄弱，导致收入来源单一且收益不高；同时，由于工作体制不成熟、不系统和运行模式不完善等原因，集体经济业务能力不足，难以创造带领村民发家致富的条件，阻碍共同富裕目标的实现。另外，人才流失和劳动力不足也是严重制约农村集体经济发展的重要现实因素。

村民收入不存不济。首先，三江镇没有充足的集体经济资金来满足村民的公共服务需求；农民的生产生活，也因为资金短缺，长久以来都没有得到彻底改善；基础设施配套不齐全、不完善，招商引资更无从谈起，无法吸引优质企业前来投资建厂。其次，人是发展生产力最活跃的主体，起着关键性的作用，而就业形式单一、就业岗位稀少等原因导致三江镇对劳动力的吸引能力不够，村民收入难达富裕。

三江镇内的青壮年，以及掌握技术与知识的人才，为了生存发展的需要，不得不远离家乡谋生活。而劳动能力较差的老人、妇女和儿童则被留在了村中，这就造成了镇内较为严重的人口老龄化。由于缺乏人才的探索与劳动力的支撑，三江镇整体发展缓慢，农村集体经济较难蓬勃发展。

城乡发展差距明显。由于历史和现实诸多因素影响，我国少数民族地区城乡差异较明显，城市和乡村之间在生产水平、经济收入、文化水平、生活条件等方面存在着差别，具体表现在城乡居民收入差距、城乡教育差距、城乡医疗差距、城乡消费差距、就业差距、政府公共投入差距等方面。城乡发展差异是少数民族特色村寨振兴实践难走出困境的一个重要的共性原因，也是影响少数民族特色村寨保护与发展的现实因素。

此外，由于城市引力效应，我国广大农村劳动力不断向城市转移，城乡经济二元对立结构不断加剧。城镇化的推进以物质、资源及财富在城市的汇聚为前提，并带来城乡发展两极分化，这种两极化格局促进了“空心寨”的蔓延。城市的繁荣发展与村寨的萧条又加剧了城乡之间的差距。村寨的基础设施和文化、教育、医疗等方面与城市相比差距较大，影响村寨振兴工作，也延缓了城乡融合发展。文化设施落后和文化场所缺失必将直接影响村寨传统文化的保护与传承，基础设施落后或不配套势必影响村寨特色产业发展，教育资源缺乏或配置不合理必然影响村寨人才培养，这些因素都会制约乡村人才振兴。政府对村寨公共投入实施适度偏向政策，对于缩小城乡差距，促进城乡平衡发展，保障少数民族特色村寨振兴顺利实施具有重要意义。

生态价值未兑现。三江镇的山水格局概括而言是“九山半水半分田”，这种地形地貌和资源本底对它的发展有极其重要的影响。在现今农副产品同质化现象严重的问题上，三江镇应对的发展思路与模式不够丰富，发展路径与方式单一，走不出差异化道路，不利于提升自身招商引资的业务能力，导致当地农业龙头企业并不多。在变化莫测的市场竞争环境之下，三江镇的林下经济盈利能力不强，可持续性也有待提升。

三江镇的山地地形特征

三、文化建设任重道远

当地居民对村域认可度不高，久而久之导致其参与乡镇事务的积极性不高，特色文化认知意识不强烈、文化认可度低。在家务农的村民自身文化程度较低，除了干农活以外，缺少基本职业技能，对新鲜事物的理解能力与接受能力弱，对村寨开发缺少认同意识，主要体现在参与少数民族特色村寨振兴的能力不足。然而，村民的积极参与才是少数民族特色村寨振兴长久的持续有力的保障，文化建设任重而道远。

在生活文化方面，三江镇存在着一部分少数民族青少年不会说本民族语言的情况；少数民族的信仰、理念等未得到传承与弘扬；民族服饰文化没有受到应有的重视，镇上少数民族居民只在重要节日或活动期间才会穿上民族服装。例如，瑶族服饰的刺绣曾经是当地每位瑶家姑娘自小必须掌握的技能，而且瑶族服饰是瑶族人民在节日和日常都会穿着的服装。现在，瑶族青少年女性忙于上学或外出务工，加上现在瑶族青年男女更喜欢穿着现代服饰，瑶族刺绣技艺和瑶族服饰在瑶族聚居区已经不太普遍。虽然60岁以上的老年瑶族女性基本都会刺绣，但低年龄层瑶族女性掌握瑶绣技艺的比例明显降低。加上瑶族服饰用料讲究、做工精细，完成一套服饰的制作需要耗费大量的时间和精力，导致从事瑶服制作的妇女越来越少，许多瑶服制作工艺开始失传。如今还在穿戴瑶族服饰的大多是老人和儿童，年轻人已经较少穿着民族服装。

三大平台齐发展

三江以三大平台带动全镇发展：北部片区——生态变现提价值，中部片区——瑶风展示聚人流（旅游服务），南部片区——美丽田园强农产。

一、北部片区：依托金坑森林康养小镇平台，发展研学康养森林旅游和林下种植等林下经济

重点任务。一是推进乡村振兴示范带建设。持续推进美丽乡村建设与人居环境整治，对瓦角冲、石蛤塘、铜锣营等村庄进行特色升级，实现村景变风景，发展乡村旅游。二是擦亮金坑森林康养小镇旅游品牌。以推动数字乡村标准化建设为抓手，将金坑村作为试点，完善乡村智慧广电、网络信号、“互联网+政务服务”平台等建设。利用新媒体、短视频等方式加大宣传力度，让金坑森林康养小镇旅游品牌、三江旅游IP走出连南，走出“三连”，走出清远。三是挖掘用地，完善民宿、农家乐等服务设施。可盘活金坑村、狮公坑村、狮颈村、牛头村、沙排村、沙坊村、大龙村和解放村等8个自然村的闲置建设用地，作为农家乐、民宿、研学、游玩等服务的发展用地。四是实现生态产品价值。进一步提升茶药菌省级现代农业产业园、香菇培育基地、中药种植基地和坑口示范茶园等4个重要林下种植地的生态产品价值，并规划新建金坑狮颈茶园、椿芽菜种植示范基地，助力北部持续推进生态产品价值实现。

金坑森林康养小镇重点产业平台。以金坑生态村为核心，打造集瑶族生活体验、森林康养、生态建设、民宿体验、休闲度假、现代农业、红色基地于一体的生态康养型3A级旅游景区。一是红色研学。发展红色教育研学基地红色旅游，包括大雾山户外活动、人才驿站、农耕文化园、金坑游击小分队纪念碑、

金坑森林康养小镇重点产业平台规划图

酒文化展馆等体验项目。二是生态产品。发展林下经济和农业种养产业，包括茶药菌省级现代农业产业园、坑口示范茶园、椿芽菜种植示范基地等产业。三是瑶乡旅游。发展瑶族文化旅游，包含瓦角冲瑶风山寨、石蛤塘桃里人家等景点，打造1条农家乐街、2个特色民宿群、1个森林房车营地、2个三星级旅游厕所和4个特色服务驿站等。

二、中部片区：依托“一河两岸”碧道重点产业平台，打造区域性公共服务中心

重点任务。一是拓宽产供销渠道，建设农产品集散地。利用高铁站和高速出入口的交通红利，就近选址建设产供销综合服务中心，以最便捷的方式，把三连菜心、无花果、椿芽菜等特色农产品向外输送。二是打造“一河两岸”滨江美食街。结合碧道工程和灯光工作，展现“一河两岸”的瑶族特色夜景，打造一条约5千米的滨江美食街，发展三江夜经济，激活三江城镇活力。三是

建设瑶族文化和产业的展销步行街。通过设置景观长廊，搭建文化舞台等展示设施，拓宽文化展示渠道；增加农产品特产销售街，拓宽农产品的销售渠道。四是活化古村落，打造瑶风特色体验街。将石泉寨脚古村、联红小学等闲置用地，改造为具有瑶族风情的特色体验街区，展现瑶族文化魅力的同时，赢得经济效益。

“一河两岸”碧道重点产业平台。依托三江河“一河两岸”的滨江碧道，打造集餐饮、娱乐、集散、商务和旅游服务等于一体的活力“不夜城”。一是餐饮娱乐。对沿江建筑进行外立面改造和灯光亮化，增设观景平台、艺术表演舞台等公共空间以聚集人流，并串联越秀廊桥打造一条集餐饮、娱乐于一体的滨江美食街。二是高铁经济。利用好广清永高铁三连站带来的人流和资源，构建起三大中心（产供销综合服务中心、商务服务中心和旅游服务中心），搭好三江镇生态产品的服务平台。三是瑶族风情。打造稻鱼茶现代农业产业园、瑶风特色体验街、广东瑶族博物馆和石泉山公园3A级景区四大文化和产业展示空间，建立起三江镇乃至连南县的全方位对外展示销售平台。

“一河两岸”碧道重点产业平台规划图

区域性公共服务中心

三、南部片区：依托鹿鸣稻丰谷重点产业平台，发展美丽田园综合体和休闲旅游产业

重点任务。一是整合农田资源，建设美丽田园综合体。以城西村3 000亩农田资源为基础，以鹿鸣稻丰谷项目建设为依托，以线串点，以线带面，建设集瑶寨古镇商业街、康养度假区、特色酒店、茶山观光、农耕体验等多种功能板块于一体的文旅项目，带动梅村美丽田园建设，建成辐射全域的乡村休闲旅游区。二是推动碧道建设，串联三江慢行网络。以三江河两岸碧道建设为核心，串联“碧道+田园绿道+古驿道”慢行网络，激活“一河两岸”旅游资源；串联越秀廊桥、龙腹陂等三江特色游览景点，丰富慢行空间体验。三是激活瑶族文化，打造沿陂瑶族文化小镇。发挥沿陂村瑶族文化、丰富的水文资源和田林风

光优势，打造瑶族风情民宿与酒坊，与乡村振兴展示馆等乡村建设项目结合，建设集文化展示、文化体验、文创销售、文化餐饮于一体的瑶族文化风情小镇，激活沿陂发展新活力。

鹿鸣稻丰谷重点产业平台。依托城西村优质资源建设鹿鸣稻丰谷重点文旅项目，建设集精品商业、康养度假、特色酒店、茶山观光、农耕体验五大功能于一体的旅游景区。一是农耕体验。依托梅村美丽田园综合体建设，深度挖掘农耕文化，将农事活动与休闲旅游度假相结合，通过原乡、原俗的农耕体验传承农耕文明，展示千百年来连南排瑶流传下来的最具民族特色的农耕形式。二是茶山种植。新建生态标准化茶园，促进“高山茶”品牌化发展，建立茶文化旅游基地，将茶园、茶馆、茶厂、茶叶博物馆等组合成为旅游产品，讲好茶故事。三是瑶寨古镇。擦亮三江“天下瑶城”品牌，建设瑶寨古镇，将非遗文化与商业街区结合，开发具有瑶族特色的高品质文创产品，丰富瑶族风情体验。四是服务设施。内设一家五星级标准度假酒店，打造梅村特色民宿村，升级改造鹿鸣公园，增设游玩设施、“网红”打卡点等，打造摄影基地。

鹿鸣稻丰谷重点产业平台规划图

美丽乡村育民风

三江依托连南资源基础和乡村建设成果，串珠成链、连线成片，重点突出民族文化内涵，打造以“醉美连南·瑶邀天下”为主题的乡村振兴示范带，提供乡村漫游、农业发展、旅游度假、参观研学、民俗体验、红色教育等服务。

一、完善基础设施　打造智慧乡村

（一）条条大路通瑶乡——道路系统梳理与道路设施完善

“以前我们这里是三江镇最高、最偏远的村之一，村民们靠山吃山，没有其他经济来源，根本谈不上发展。现在村里变得干净整洁，通电、通水、通网，出村就是环山公路，还搞起民宿、农家乐，生活真是越来越好了！”这是内田村党总支委员石志明发自内心的感受，他相信这里优美的生态环境会吸引更多游客到来。

三江根据地形地貌特征，梳理全域乡村公路、公园步道、田园机耕路、滨水栈道、登山径，构建了“慢行系统+风景线+产业带+健康步道”的乡村活力绿链，以“多道融合”的方式串联特色要素，提升主要旅游线路的交通能力。一是建设彩虹公路，依托县道X395线向北延长彩虹公路至大龙村，依托省道S261线向西延长彩虹公路至沿陂村。二是建设连通重要旅游线路的慢行道路，以建立绿道、碧道、机耕路和修复古驿道等措施串联村庄与重要景点。三是强化片区交通支线通行能力，优化其他城镇公路。总而言之，绿链是一套可供群众休闲健身、游客畅游山水、农民从事生产的综合性慢行系统，能促进城乡要素加速流通。

三江镇彩虹公路（三江镇政府供图）

停车场（三江镇政府供图）

（二）绕池闲步看鱼游——提升公共服务质量，增进居民福祉

三江极力完善市政基础设施建设。一是生活性基础设施建设，涵盖电力、供水、污水处理、线路整治等方面。以县城周边三线整改，供水设施建设和五星村、六联村、城西村污水管网建设等项目为重点，完善三江镇生活性基础设施建设，对接农村建设需要，满足农民诉求，补齐基础设施建设短板。二是生产性基础设施建设，保障农田灌溉用水。推进三江镇农田水利灌溉工程建设，做好河道清淤疏浚、水利基础设施维修、排灌设施管理等工作，保障高效节水灌溉，进一步缓解水资源供需矛盾，保障粮食安全。

（三）天下之事尽皆知——通信网络推进智能化与现代化

原本条件落后、基础设施缺失的村镇，接入了互联网、现代通信网络、无线电视等科技，同步追赶社会高速发展的步伐，使三江信息流通和传播速度更加便捷，助力全面打造数字乡村、智慧化乡镇。规划以推动数字乡村标准化建设为抓手，将金坑村作为试点，完善乡村智慧广电、网络信号、“互联网+政务服务”平台等建设。

二、提升人居品质　建设瑶乡美景

（一）推动美丽乡村建设提档升级

一是开展自然村连片美丽乡村建设。完善村庄集中供水、污水处理等农村基础设施建设，推进人居环境“三清三拆三整治”，推进乡村“厕所革命”，开展村庄道路景观提升、污水系统完善和景观带打造等项目。

二是提升建筑风貌，打造特色农房风貌。通过持续建设，村民居住条件得到明显改善。例如：金坑村建设了康养小镇驿站、2A级旅游公厕、篮球场、小公园、特色凉亭、污水处理池等设施；完成村庄内“三线”整治，铺设沥青、特色道路914米，铺设雨污水管网2 000多米，设立瑶族元素路灯30多盏；村内种植茶树、柚子树、南方酸枣树、桂花树等，绿化面积达500多平方米；重点

新立寨汉族村庄（三江镇政府供图）

打造老粮仓建筑，建设集住宿、餐饮、休闲、摄影、观光于一体的旅游接待中心，力争做到道路畅通、环境优美、村容村貌焕然一新；给每家每户提供分类垃圾桶，共75个，公共分类垃圾桶5个，设立定点集中的垃圾池，村中聘请的2名保洁员每天2次清理打扫村内环境卫生，让金坑村的环境日渐整洁，步入良性循环；金坑村还成为2019年清远市推动民族地区加快高质量发展工作现场会的一个主站点。金坑村改造后，从各地来此参观、交流的人络绎不绝。

连南县三江镇乡村振兴（美丽乡村风貌）示范带（三江镇政府供图）

三是高质量实施“连南县三江镇乡村振兴（美丽乡村风貌）示范带”建设，按照示范带主题和村庄规划定位打造特色农房风貌，充分体现瑶族文化特征和山水田园特色。该乡村振兴示范带从2021年1月开始规划设计，5月启动建设实施，8月基本完成建设，总投入约9 500万元，目前取得显著成效。示范带融合当地特色资源、自然风光、地域文化、传说故事，形成“寻觅山水远俗尘，瑶汉人家邀来宾”的线路主题，共形成4个主题特色：一是凸显瑶族民族特色，从设施到农房融入瑶族民族元素，体现瑶汉人民团结一家亲的氛围；二是凸显沿线各种动物形象的山水景色——猫公山（石泉山）、狮子山（安福山）、老虎山（老虎头村）和狮公山（狮公坑村）4个动物主题；三是凸显传奇特色，将猫公山的神奇传说和金坑英勇抗日的红色历史故事融合，丰富线路的内涵；四是凸显产业品牌，沿线串联无花果、兰花、大叶茶和食用菌香菇四大特色产业，其中有2个是“一村一品”产业项目，展现乡村振兴的浓厚氛围。

连南县三江镇乡村振兴（美丽乡村风貌）示范带示意图

瓦角冲瑶族村庄（三江镇政府供图）

（二）“一河两岸”碧道系好瑶汉纽结

“落实万里碧道建设年度任务及做好河湖管护”是《广东省全面推进乡村振兴战略实绩考核办法（试行）》（征求意见稿）第四点“生态宜居”的重要考核要求。三江河“一河两岸”碧道被定义为集安全、生态自然、休闲、游

憩、历史文化于一体的连南瑶族文化特色碧道，建成后将成为三连地区经济连接碧道的重要组成部分。

三江镇开展“五清”行动，力保绿水青山。建立健全河长制工作机制，安排专人负责，定期开展巡视工作，加强人力物力的投入，确保河长制长效治理的落实。镇内江河由镇河长带领组织开展“五清”（以清污、清漂、清淤、清障、清违为重点）专项行动，并定期进行整治，保持河道清洁干净，无漂流物等垃圾出现。2022年以来，三江镇共巡河649次，其中镇级河长巡河390次，村级河长巡河259次；镇举行的大型清漂行动共5次，村委开展定期、不定期清漂活动90多次，出动人数573人次，清理河道圳渠、水沟垃圾近150吨；同时还加强黑臭水体、防溺水巡查和排查工作。

（三）“清、拆、整”出瑶山明珠

工作队和镇干部通过走访，入户宣传和发放美丽乡村、农村人居环境综合整治宣传单（册）共5 000余万份，积极引导村民参与“三清三拆三整治”。积极推进“三清理”工作，组织各镇开展“春夏秋冬战役”村庄清洁行动，动员3 000余人次清理房前屋后杂物；建立垃圾收集点111个；清理积存垃圾和泥砖瓦砾共190余吨。

三江镇开展了拆除危旧泥砖房、废弃猪牛栏及露天厕所茅房的清理整治工作，拆除违章建筑及各种非法违规商业广告、招牌等。全镇79个自然村共拆除危、旧、废建筑520间，计64 070平方米。同时，积极整治生活垃圾、生活污水、水体污染，整治农村电线、有线电视线、通信光缆乱拉乱搭等现象。

目前三江镇创建有74个美丽乡村，创建率达93.67%，包括1个生态村（也是全县唯一一个生态村——金坑村）、10个特色村（东和行政村迴龙湾村、新和行政村新立寨村、联红行政村香花上村、金坑行政村瓦角冲村、六联行政村新村上寨、六联行政村新村下寨、城西行政村梅村上村、城西行政村梅村下村、新和行政村岩口上村、新和行政村岩口下村）、39个示范村、24个整洁村和人居环境整治村。

三江镇碧道——越秀廊桥（三江镇政府供图）

通过美丽乡村建设与人居环境整治，金坑村获得“中国少数民族特色村寨”“广东名村”“清远市美丽乡村生态村”“岭南瑶乡第一面红旗村”等荣誉。而香花、岩口、铜锣营、凉水岩、瓦角冲、新立寨、高岭、石蛤塘等村则被评为“清远市美丽乡村示范村”，石泉村入选国家第四批中国传统村落。

（四）“主客共享”特色设施丰富空间体验

三江规划构建高标准公共服务设施，从三江镇旅游发展和村民生活需求出发，充分考虑瑶汉民族特色，围绕民族生产、生活场所，通过乡土故事情景重现、民族符号提炼运用、文化遗产再生活化等措施，强调空间功能复合，打造一批民生和旅游配套相融合的空间，既集约节约资源，又为游客提供“沉浸

式”的旅游体验。例如，新建民族团结长廊、连南名优特产长廊、旅游服务中心、特色驿站等，延续瑶族文化空间；增设游玩设施、“网红”打卡点等摄影基地，打造集旅游咨询、信息展示和交通疏导、旅游集散功能于一体的公共服务设施。

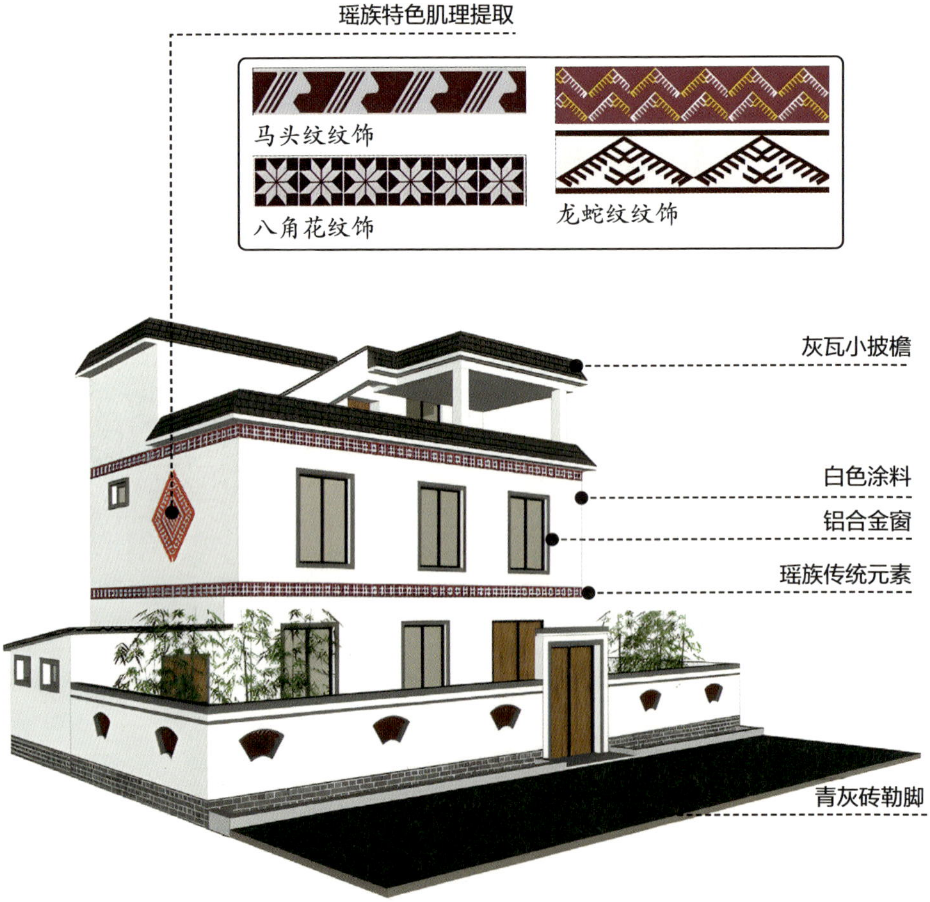

瑶族村居立面改造样式

瑶族村居实景（三江镇政府供图）

（五）鼓励公众参与推进乡村建设

以“自下而上、群众主体”的工作思路，让群众切实参与美丽乡村建设，并制定政策，保障建设成果。在推进建筑风貌改造工作中推行“五个一”举措，即形成一个责任主体、建一个村微信交流群、至少召开一次村民大会、发放“致村民的一封信”、制作一张改造示意图，把基层干部和各村群众拧成一股绳，让群众了解有什么好政策、为什么要改造、怎么改造，激励群众积极参与美丽乡村建设工作。

汉族村居实景

推行外立面建筑风貌建设群众自筹10%的建筑安装工程费制度。尊重群众意愿，线路上的村庄以自然村为单位，形成各村有各村的颜色、一个村一个颜色的特色建筑风貌体系；在自愿改造的前提下，群众签订同意房屋改造书，并积极配合村中其他项目建设，积极维护村中的环境卫生；在问责问效、奖补激励和后期验收中，对宣传动员到位、改造整体效果明显等良好行为进行表扬，同时杜绝“小打小闹”“等、靠、要”“干部干、群众看”等现象。

文化品质赋农业

一、以现代农业产业园为抓手

农区变景区、田园变公园、农产品变商品……三江将建设现代农业产业园作为实现乡村振兴的“牛鼻子”，聚焦大龙香菇、城西蔬菜、联红无花果、茶叶和椿芽菜等特色主导产业，锚定“打造全产业链、提升产业效益、促进农民增收”这一建园目标，在强科技、融三产、建平台、树品牌等方面下功夫，切实发挥现代农业产业园推动产业振兴的示范引领作用。三江着力打造“三产融合”现代农业产业园，充分挖掘农业生态价值、休闲价值、文化价值，在此过程中，“解锁”了许多新玩法、新业态。

连南瑶族自治县稻鱼茶省级现代农业产业园（以下简称“连南稻鱼茶产业园”）在三产链条中植入瑶族文化、传统农耕文化等元素，推动全链条增值，农旅融合亮点纷呈。

连南稻鱼茶产业园以有机稻、稻田鱼、高山茶三个具有连南地理特征和地域特色的农业产业为主导，将“三产融合”作为中心任务之一。

连南稻鱼茶产业园三产融合发展中心（以下简称“中心”）是产业园“三区一中心”（即大古坳稻鱼茶种养示范区、沿陂三江源休闲观光区、东塘精深加工区和三产融合发展中心）中的核心项目，致力于打造集生产加工、产品体验、物流配送、电商营销、科技支撑等功能于一体的综合型服务平台。中心于2019年2月启动建设，总投入为6 101.26万元，于同年9月建成并投入运营。中心现配设有冷链仓储物流区、茶叶加工体验区、综合展示展销区、电商综合服务区和产业园培训孵化中心等功能区域和场所。

1. 冷链仓储物流区

位于中心负一层及东面广场，面积约4 400平方米。该区配有冷链仓储、分拣物流、茶青交易等设施设备和场所。现有耀情、耕耘、千鲜汇、横坑共赢、互农等多家农贸企业进驻开展业务，并取得良好的运营效果。中心冷链仓储物流区经销的连南农产品年经营额已超过3 000万元，成为连南重要的农产品贸易中心。

2. 茶叶加工体验区

位于中心一楼，面积约1 800平方米。该区配有传统制茶体验设备和现代制茶生产线，是产业园产、工、研、体验、消费一体化平台，发挥了极强的科技支撑和产业带动作用。与广东省农业科学院茶叶研究所的紧密合作，极大地提升了连南大叶茶的制作工艺水平。在2021年广东省现代农业产业园百家手信评选活动中，在全省各地送评的147款茶叶产品里，特农公司的“单贵茶”获得质量评审第二、综合评分第一的好成绩。

3. 综合展示展销区

位于中心一楼，面积约1 300平方米。该区集博览、宣传、展示、营销系列于一体，有稻鱼茶文化博览系列、资讯宣传系列、产品展销系列、旅游销售系列，以及农旅结合和电商营销的综合平台。该区自运营以来，已成为连南对外宣传营销本地特色农产品的主要平台，也是连南旅游消费的“网红点”。

4. 电商综合服务区

位于中心一楼，面积约180平方米。配有电商网络办公室、洽谈室、会议室、档案室、直播间等网络一体化服务办公区。该区举办了包括2020年稻鱼茶电商节在内的多期农村电商宣传营销活动，极大地促进了农产品网上销售。2021年至今，它通过电商平台上行的农产品销售额已达近700万元。

三产融合发展中心建成以来，全面展示整个产业园的建设情况和成果，是整个产业园的服务、孵化和营销平台，对建设稻鱼茶产业园产业链，提升产业效益，促进联农带农增收，打造新型农业生产组织体系，促进产业高质量可持续发展具有重要的现实意义和作用。

5. 产业园培训孵化中心

位于中心二楼，面积约3 000平方米。该中心配设有完善的人才培训服务设施，建有连南高山茶研发中心等科技支撑场所，是产业园实用人才培训和农旅结合发展的服务性平台。2020年，产业园培训孵化中心共完成1 690人次的实用人才培训。

二、“一条龙”全产业链不能断

聚力产业振兴，经济培育财富三江。构建“2中心+2园+10基地+N点”的生态产业链，打通“提供生态产品源—增加生态产品附加值—塑造生态品牌”

现代农业产业园（三江镇政府供图）

无花果种植基地（三江镇政府供图）

的生态产业通道。2中心指三产融合中心和产供销综合服务中心，2园指稻鱼茶省级现代农业产业园和茶药菌现代农业产业园，10基地包括新和椿芽菜种植基地、联红无花果种植基地、新和三连菜心种植基地、金坑兰花种植基地、金坑茶种植基地、大龙菌香菇培育基地等，N点指连南名优特产长廊（集散地）、直播带货点、田头冷链等电商销售点。

三、农科帮扶下基层

为解决农民种什么、怎样种等问题，三江实施农业专家下基层工程。一是实施1对1指导，采取镇村联动的方式，纵向到底，横向到边，农业、林业、渔业、农机科技等相关行业的专家充分发挥各自的专业技术特长，包村联户结对指导帮扶，为乡村振兴提供技术支持。二是推进基层技术服务活动，扎实开展“技术走基层”活动，通过强化宣传、现场咨询、科技讲座、数字互动等方式，推进指导服务全覆盖，并建立台账，一镇一册、一村一页、一户一格，摸清现状，了解需求，完善技术服务。三是依托金坑村的人才驿站，积极推进与各类农业技术专家的合作共赢，建立健全三江镇“基层专家库”。联合清远市各所高校、农科院以及先进农业企业，建立农业技术专家数据库，实现推进人尽其才、才尽其用的用人机制，保障农业发展。

四、创新模式增效益

一是培育农民合作社等新型农业经营主体。积极培育和发展优质高效经济主体，全镇办有专业合作社48个、家庭农场19个；建立新型农业经营主体与农户利益联结机制，不断加大特色种植项目扶持力度，大力推进“公司+基地+合作社+农户”模式，打造出东塘洞扶贫产业种植基地、塘冲大棚种植和乳鸽养殖项目、大龙食用菌香菇项目、城西蔬菜基地和沃柑基地、新和水果玉米基地、联红无花果种植基地、金坑兰花种植基地、内田林下生态茶等特色种养项目。根据三江镇的自然资源优势、历史传统经验和近年来农业发展情况，三江镇着眼于市场需求，经过几年来的结构调整，蔬菜、香菇、茶叶、无花果、兰花、乳鸽等主导产业已初步形成，发展前景良好。

二是促进集体经济发展。为促进村级集体经济发展，三江镇在2019年选取了集体资产较为薄弱的新和村为试点，开展了番薯苗培育、番薯种植基地建设项目；在2020年选取了集体资产较为薄弱的塘冲村为试点，开展了塘冲瑶寨乳鸽建设项目。截至2021年，这2个项目的建设已达一定规模并取得一定成效。2021年9月15日，三江镇组织农办人员对这2个项目进行了实地初步验收，项目均通过验收，并可分别申请财政扶持资金50万元。金坑村引进了10亩优质兰花，进行规模种植，每亩种植6 000盆兰花，主要种植宫粉佳人、小凤等名贵品种；采取公司+合作社+基地+旅游的模式，将兰花基地做成旅游观光的农业休闲场所，每年收益不低于10万元。坑口村兰花种植基地按照镇、村、村小组、租地村民3：3：3：1的比例进行分红，其中镇收益部分作为支持金坑片区产业发展的专项资金，有效地壮大了村集体经济发展，进一步带领村民创收致富，以点铺面，协同带动三江镇乡村产业发展。

文化效益促发展

一、文化+党建旅游

红色荣光照金坑，党建研学助发展。金坑村的红色文化深厚，红色意义丰富。1949年7月，中国共产党为开辟金坑、大龙山、小龙山这块粤桂湘三省接合部游击根据地，组织瑶族革命队伍支持武工队开展武装斗争，在连南瑶族聚居区金坑乡瓦角冲村插上了第一面中国共产党的红旗，为连阳地区（连州、连南、连山、阳山）的解放做出了不可磨灭的贡献。2020年，结合示范创建，在县委、县政府的大力支持下，三江投入120万元进行金坑红色教育基地的创建工作，以展示金坑村反三征自卫队的革命事迹为主调，以党建符号点睛、主题教育填充，围绕打造“五个一”（即一个反三征纪念馆、一座游击小分队纪念碑、一段党建示范带、一条红色风景线、一个人民公社饭堂），创建党建氛围浓郁、红色资源丰富、时代特色鲜明、社会影响广泛的基层党建示范点，让红色精神绽放时代光芒。

三江镇金坑红色教育基地于2020年11月建成，项目总投资300万元。项目主要建设金坑红色教育基地、农耕文化园、环村绿道、河边小公园、绿化种植等内容。项目的建设为推动瑶族聚居区红色历史文化传承，推动民族特色文化旅游发展，开展红色教育工作奠定了坚实基础。该基地于2020年6月23日开放，当年“七一”期间参观学习人数累计达5 000多人次。

金坑红色教育基地主要建有反三征村史馆、谈判关口纪念亭、党员活动宣誓台等参观点。反三征村史馆内展示了播撒革命的种子、剿灭残匪、解救游击队伤员、歃血盟誓成立、谈判关口、配合解放三江城等历史真实故事。

金坑红色教育基地的主要组成部分还有农耕文化园。它位于金坑森林康养小镇入口，是连南县中小学生研学教育实践基地的配套教学项目，是开发金坑农旅产业、促进农民增收的一个务实项目，也是学党史、办实事的一个具体表现。农耕文化园占地面积近80亩，分布在金坑河两岸，从2018年夏开始建造，目前已建成，主要包括作物园、茶叶园和兰茶园三大组成板块。

广东瑶族博物馆是一个集科研、展示、收藏、演示、传承和教育功能于一体的综合性博物馆，它以创新的设计理念淋漓尽致地展现了浓郁的瑶族文化特色。博物馆内设5个常设展厅——“瑶岭长歌”主展厅、“瑶绣工坊”、全国民族团结进步教育工作专题展厅、连江支队纪念馆·连南党史党建陈列馆、连南瑶族自治县反腐倡廉教育基地，以及3个临时展厅。此外，博物馆内还设有多功能放映厅、游客休息室、会议室、书画室、游客服务中心、医疗室、瑶族工艺展销中心等，充分体现了博物馆以人为本的服务意识。博物馆自2013年开馆以来，先后接待了全国政协、国家民委、省政府、省市各部门各级领导，以及来自全国各地乃至泰国、老挝、美国、新西兰等国家的瑶族同胞及游客的参观，至今总接待人数达250万人次以上。博物馆的民族性、独特性、世界性获得国内外来宾的一致赞誉和肯定，成为连南瑶族自治县对外宣传和交流的重要平台和窗口。

二、文化+乡村旅游

瑶风瑶俗瑶情浓，民俗体验助发展。三江镇利用丰富的瑶族文化、乡村农业、自然人文等资源，以梅村田园综合体、越秀廊桥和云上瑶家等为核心，开发各种瑶族文化体验、观光休闲旅游项目。

梅村田园综合体建于三江镇鹿鸣关，结合鹿鸣茶园、鹿鸣稻丰谷、鹿鸣稻田、艺术村（梅村）、三江河滨水带，把山、水、田、园、居各元素串点成线，以生态为基础，以瑶族文化为内核，发展瑶族风情商业体验街区、主题民宿度假区及浪漫婚庆目的地等体验业态，并结合丰富的主题文化节庆活动，为游客提供文化+休闲+度假的游乐生活方式，打造“两山理论”指导下的区域

梅村田园综合体（三江镇政府供图）

“生态文化旅游”体验基地。三江镇将梅村田园综合体立体化地打造成国内首个沉浸式瑶族艺术主题田园综合体农业公园，建设连南幸福田园生活板块，书写新田园度假生活范本，结合各种资源，创建多元化消费模式，激活消费市场，助力连南全域旅游、乡村振兴，开启“农文旅”新时代。

越秀廊桥位于连南县城三江河上游牛脚桥往三排镇方向约100米处，东连省道S261线，西连沿江西路，项目总投资近3 000万元，是广州市越秀区对三江镇的重要帮扶项目之一。越秀廊桥按照瑶族特色景观廊桥和地标建筑进行设计，桥梁融合了瑶族盘王印、长鼓、马头纹等文化特色，已成为县城一道亮丽的风景线，对解决群众“出行难”问题、推进“一河两岸”的发展以及县城扩容提质具有重大意义和作用。同时，越秀廊桥也是越秀、连南两地情谊的历史见证，是一座团结桥、友谊桥和奔康桥。

云上瑶家精品民宿距三江镇中心22千米，是境内海拔最高的瑶族村寨。该村全年云雾缭绕，远眺可观看连州市夜景，风景美不胜收，故名“云上瑶家”。该项目按照小景区模式，打造1个集住宿、餐饮、休闲、摄影、观光于一体的旅游接待中心，完善村内主道路、路灯、观景平台及旅游标志指引等旅游配套设施，并计划修缮部分村内瑶族旧民居，带动群众发展民宿。该项目建成投入运营后，将帮助留守村民就地解决就业问题。

三、文化+生态旅游

黛山茂林游杉都，绿水青山助发展。“九山半水半分田”的特殊地形地貌，赋予了三江优质的森林资源和生态优势，同时也明确了发展生态旅游经济是推动乡村振兴的重要抓手的理念。三江以金坑森林康养小镇、石泉山公园和三江源等为核心，以生态旅游带动林下经济，实现生态价值兑现。

金坑村地处粤北山区，距离县城11.54千米，为纯瑶族林区村，是连南第一个生态村。三江规划将金坑村打造成集文化观光、森林康养、民宿体验、休闲度假、红色基地于一体的生态康养型3A级旅游景区，结合人才驿站、坑口茶园、兰花种植项目，大力挖掘金坑的资源优势；积极推动古瑶神酒厂落户金坑村，计划生产瑶族米酒和果汁，进一步传承和发展连南瑶族的酒文化。另外，为进一步拓展金坑村的旅游产业，2020年4月，一条从林业站到红色革命路线入口的生态绿道被打造出来，将产业、农家乐、红色革命文化、生态旅游景点连起来。在金坑森林康养小镇，游客可以采摘茶叶、观赏兰花、体验民宿、寻找乡愁、呼吸新鲜空气、畅游美丽乡村、品尝瑶族美酒。

石泉山公园是以独具特色的山体资源为主体，通过挖掘和开发石泉山抗战文化、远古新石器文化、古村落民俗文化等人文景观，打造建设的休闲、旅游、教育、健身并重的文化、生态旅游精品工程。公园规划总用地面积2.5万平方米，已完成公园牌坊、中心广场、环山绿道、停车场、景观亭、登山道路护栏改造等项目建设，以及游客服务中心、整石影壁、体育广场、溶洞博物馆、儿童乐园、林下水塘、联红小学广场改造等旅游景区公共配套设施。项目建成后，极大地改善了石泉山的生态环境，丰富了石泉山的人文景观，每天都吸引一大批游客到石泉山公园游玩。群众可以在石泉山公园广场上跳广场舞，在法

金坑森林康养小镇（三江镇政府供图）

治长廊里学习法治知识，在环山绿道慢跑，在溶洞博物馆了解抗战历史及溶洞知识，切实提升了群众的幸福感、满意度。石泉山公园在满足群众休闲娱乐、健身怡情需求的同时，还带动当地乡村旅游产业蓬勃发展，对促进县民族文化旅游事业发展有积极作用。

三江源距离连南县城约4千米，是沿陂河、涡水河、太保河三条河流的交

汇点。此地结合亲水平台、“三江源”天然石碑、摄影平台等，建成三江源“网红”打卡景点。三江河是连南的母亲河，孕育了三江地区古老而灿烂的文明。珠江水系第一个拦河筑坝的水利工程——龙腹陂便建在三江河口。现今龙腹陂遗址就在“三江源”景点对岸，竖有“龙腹陂”立石，正面镌刻着“龙腹陂”三个大字，背面镌刻着《龙腹陂碑记》。

文化实践展新风

聚起网格“一团火”。设立农村基层“行政村党组织+自然村（居民小组）党支部+党小组”三级党建网格92个（其中一级网格11个，二级网格27个，三级网格54个），由各村（社区）党组织书记（组长）担任网格长，村（社区）“两委”干部、镇村“两代表一委员”、党员、退休干部、乡贤、村小组组长、志愿者等担任网格员和信息员，全镇共配备256名；建成镇级网格化工作群1个、村级网格化工作群11个、网格员+信息员工作群92个。

以党建示范带为依托平台，丰富扩展党建文化内涵。村镇搭建并完善“三治融合”的党建治理平台，并落实以下三点：一是以镇政府为核心、10个行政村为阵地，打造具有连南三江特色的集政务服务、党建宣传、党建休憩、镇区综合服务于一体的党建示范带；二是依托“镇政府—党群服务中心—功能服务中心”打造三级党建治理体系，同时以乡村旅游为契机，结合农业科技科普和金坑红色文化历史资源，打造“党建+研学”教育基地，并推动金坑数字乡村标准化建设；三是建设新时代文明实践站阵地，紧扣阵地建设与文明实践志愿服务2条主线，依托各村与各个村民小组（公共场所、服务窗口），打造新时代文明实践站，并以金坑村为新时代文明实践站示范点。

新时代文明实践站示范点

良好的生态环境是乡村振兴的基础。乡村生态振兴作为乡村振兴战略的重要一环，是建设美丽中国的关键举措。保护生态环境就是保护生产力，改善生态环境就是发展生产力。中共中央、国务院印发的《乡村振兴战略规划（2018—2022年）》指出，要建设生活环境整洁优美、生态系统稳定健康、人与自然和谐共生的生态宜居美丽乡村。满足农村居民日益增长的优美生态环境需要，推动乡村生态宜居，成为乡村振兴的题中之义和必然要求。

在此背景下，清远市清城区飞来峡镇牢固树立“绿水青山就是金山银山”的发展理念，坚守生态调节区底线，将保护生态、美化环境定为始终不变的工

飞来峡镇

第七章 生态振兴：绿水青山 水木仙境

作基调，深入贯彻落实新发展理念，遵守生态优先、区域协调、可持续发展、集约发展、以人为本的原则，注重以党建为引领，强调生产发展、生活富裕、生态良好的整体统一，大力推进以“美丽乡村”建设和现代农业、特色旅游业发展为抓手的乡村生态建设，探索出了一条有益有效的“生态+”建设路径，创建了一种生态环境长效治理、以绿色发展引领乡村振兴的新模式。

飞来峡依托其优越的山水生态基底、丰厚的历史人文底蕴，加强美丽乡村和全域旅游建设，完善配套服务设施，聚力打造服务于粤港澳大湾区的精品度假旅游目的地和宜居宜业宜游的后花园。

绿水青山飞来峡

飞来峡镇是清城区下辖镇，位于清远市南部，地处北江中下游，东邻佛冈县龙山镇，南接清城区源潭镇、东城街道，西靠清新区禾云镇，北近英德市黎溪镇，距离广州市区90千米，距离清远市区30千米，距离清新区中心35千米。

全镇辖区总面积359平方千米（加上天堂山林场后约为371.49平方千米），其中耕地面积11.38万亩（包括水田面积约8万亩、旱地面积约3.38万亩），山林面积38.5万亩，下辖西坑、高塱、文洞、坳头、石颈、旧岭、升平、黄洞、社岗、竹园、银地、滘江口、湖洞、独树、螺塘、禾仓、黄口、石梨18个行政村和高田、横石、升平、北潦、清华、龙埗、江口7个社区，有389个村小组，2020年户籍人口8.59万人。全镇省网建档立卡贫困户884户共1 568人，已全面落实“两不愁三保障”，完成贫困人口退出工作。

镇域范围内交通发达、路网密布，主干道有“三高两铁一水路”，即三条高速公路（汕湛高速、乐广高速、广连高速）、两条铁路（京广铁路、武广高铁）和一条北江水运。其中：乐广高速在飞来峡镇有两个出口，其中一个高速出入口位于高田社区；汕湛高速公路有13千米在辖区内穿过，并在石梨村与乐广高速设有1个互通出口；广州从化至清远连州的广连高速也在飞来峡镇境内的社岗村设有出口。

飞来峡镇的前身是飞来峡管理区，因建设飞来峡水利枢纽而设立。1995年9月，为适应国家重点建设项目——飞来峡水利枢纽工程建设的需要，妥善安置飞来峡水利枢纽工程的移民，促进库区的经济繁荣与长治久安，经省政府批准，设立飞来峡管理区，作为市政府的派出机构。将原属清新县（今清新区）

飞来峡水利枢纽

管辖的升平镇和原属英德市管辖的黎溪镇、连江口镇、水边镇等4个北江沿线镇划出来组建了飞来峡管理区。2004年5月14日，设立飞来峡镇，由原江口、高田、升平三个镇撤并而成。2008年10月，飞来峡镇归清城区代管。2009年3月3日，飞来峡镇正式划归清城区管辖。

飞来峡水利枢纽位于北江干流中游，是粤北山区航运的咽喉要道，是广东省通航等级最高的船闸，以防洪为主，兼有发电、航运、供水和改善生态环

飞来峡镇（飞来峡镇政府供图）

境等作用。飞来峡水利枢纽工程于1992年批复建设，1994年8月开工，1999年10月建成试运行，至今已有20余年，为下游及珠江三角洲提供了可靠的防洪安全保障，并且为改善地区生态环境，推动养殖业、旅游业等产业发展做出巨大贡献。飞来峡水利枢纽风景区主要由库区风光及周边自然景观、枢纽工程景观和人文景观组成。区内高峡平湖，碧波荡漾，大坝雄伟，山水相辉，风景如画，山、水、文物景观兼具，有“风光誉南国，古迹遍峡山”之美誉。

“天开清远峡，地转凝碧湾。”宋代文学家苏轼《峡山寺》中的诗句，吟诵的便是飞来峡的峡谷风光。飞来峡位于城东北23千米处，因山中古刹飞来寺而名。相传黄帝两庶子太禺、仲阳南来居此，故山有南禺、北禺，峡亦称禺峡。又传秦汉时南海大潮涨至峡谷，半夜即退，故又名中夜峡。飞来峡是北江小三峡（盲仔峡、香炉峡、飞来峡）之一，峡谷壁立，长9千米，沿江有72个山峰，以飞来寺、藏霞洞、飞侠洞景色最佳。峡中高峰对峙，弯曲狭窄，激流湍急，水花飞溅。沿岸山青水碧，楼台亭阁恬静肃穆，构成一幅绝妙画卷，自古为文人名士所称道。

（一）气候温和宜人

飞来峡镇属亚热带季风气候，气候温和，雨量充沛，年平均气温为21～22℃，年降雨量为2 200~2 600毫米，日照年均时数为1 687小时。

飞来峡气候分明，冷暖交替频繁。春日里，褪去冬日的寒冷，温度和降雨量开始上升，到处春意盎然。时而春光明媚，时而低温阴雨，空气潮湿，阴晴不定。雨季常在4月，而5月更是降雨高峰。春日过后，海洋气团来袭，送来炎热的夏日和丰沛的雨水。短暂的暴雨之后，阳光普照，天气温和。秋天冷暖宜人，天清气爽。冷空气开始影响飞来峡镇域，气温逐渐下降，雨量偏少，时有秋旱和寒露风等灾害性天气出现。冬天以干燥晴冷天气为主，来自北方的既寒冷又干燥的空气经过长途跋涉后强度大为减弱，到达清城区时风速已经明显减小，但个别年份在强冷空气影响下也会出现寒潮和低温霜冻天气。

飞来峡镇

（二）多种丰富资源

1. 水资源

飞来峡镇内含河流水面、水库、坑塘水面共约22平方千米，占土地总面积的6.21%，其中：河流水面面积17.13平方千米，占水面面积的76.75%；有小型水库8处，水库面积约为0.68平方千米，占水面面积的3.04%（不含飞来峡水库），均处于镇域东部山地丘陵区，其中最大的水库为黄竹坑水库，其集水面积1.23平方千米，总库容132.69万立方米。有北江、滘江、源潭河等主干河流以及飞来峡水利枢纽、六盎水库、黄竹坑水库、仙人石水库、大塘尾水库、大布水库等。飞来峡镇主要水库的库容及集水面积等信息见下表。

飞来峡镇主要水库一览表

水库名称	位置	总库容 / 万米^3	集水面积 / 千米^2
黄竹坑水库	华侨农场	132.69	1.23
六盎水库	禾仓村	134.40	1.81
仙人石水库	横石社区	34.29	1.22
大塘尾水库	银地村	56.37	1.25

北江是珠江第二大水系，其上游浈江发源于江西省信丰县石碣大茅山，在韶关与武江汇合后，始称北江，然后在佛山市三水区的思贤滘与西江相通，流入珠江三角洲网河区，主流由虎门出海。自古以来，北江为岭南与湘、赣乃至中原地区经济文化交流的重要通道，唐宋时期已被誉为“黄金水道”。古代大量中原人口南迁，大多是通过南雄珠玑巷，经大小北江，然后向珠三角各地流散，造就了清远地区广府文化、客家文化、少数民族文化共存共荣的文化格局。

水是飞来峡传承发展的脉络所在。从壮丽北江到雄伟大坝，从山水相辉到鱼跃鸟翔，水既养育了飞来峡这方水土的人民，又见证着飞来峡独特的人文历史与现代治水文化的变迁。

2. 生态资源

全镇绝大部分地区属于生态保护范围，其中149.6平方千米是生态调节区、38平方千米是蓄滞洪区、70平方千米是水库库区、12.5平方千米是国有林场，另外还有1个集中水源保护区、30个分散式水源保护区，全镇超高的森林覆盖率（78.11%）远高于同期全国（21.63%）和全省（59.08%）水平。

飞来峡镇地势复杂，西北山岭多、耕地少，东南耕地、河流多，是一个“七分山、二分地、一分水”的半山区，为西北高、东南低的梯形地区。境内高山、小岭林立，西北部有海拔800米以上的大罗山，有海拔500米的天堂山、飞霞十八岭顶和马东山。大罗山海拔达957米，为清城区第一高峰，因山林叠翠，生态原始，云雾萦绕，宛若仙境，故又名“大雾山”。大帽山海拔778米，山脚距离清远市区仅10千米，山形像一座巨大的金字塔，是清远市郊的第一高峰。可见，飞来峡镇是名副其实的“山清水秀空气好”。

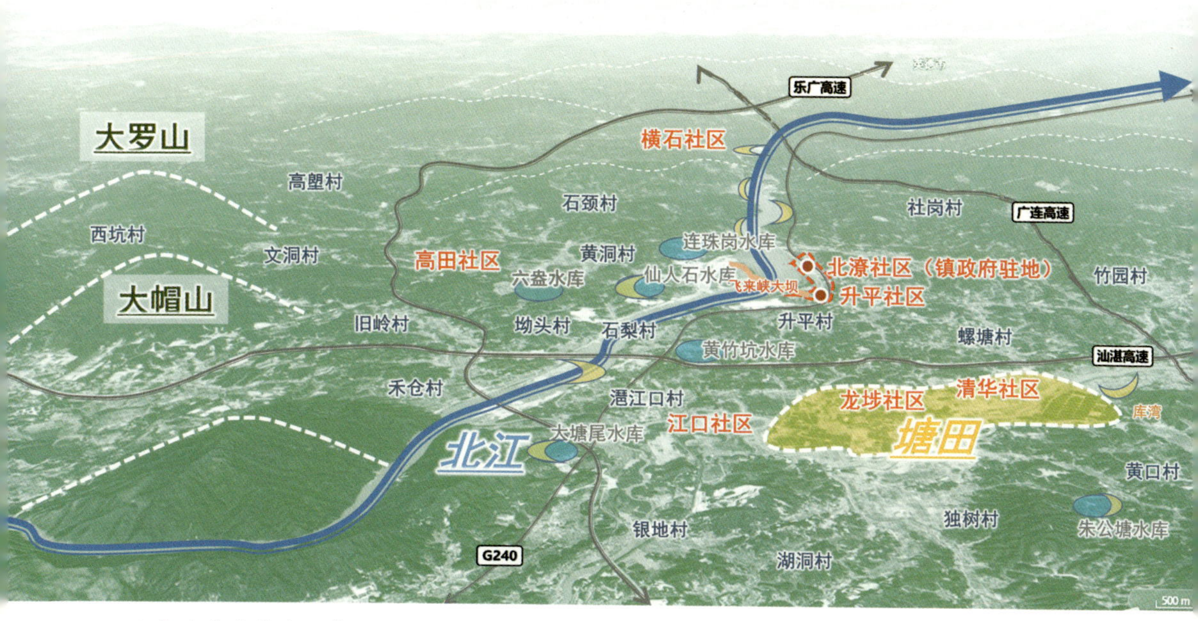

飞来峡生态基底优良

3. 旅游资源

全镇旅游资源十分丰富，品类齐全，有飞泉流瀑、地热温泉、红色旅游、休闲民宿等。现在已经开发运营的中大型景区（点）有天子山、山其洞、百岁温泉、聚美金沙滩、飞来岛等5个；正在开发的中大型景区（点）有花川谷、稻川谷、儒心谷、清城中宿新区城乡融合产业园、农业观光项目、黄口小荷包村等6个；计划开发建设的旅游项目有文洞云洞河项目、红石湾沉香生态文旅科技园、西坑村13千米红色徒步路线、侨文化文旅项目、高田特产一条街、滘江蓄滞洪区万亩花海项目等6个项目；有文洞革命根据地纪念碑、粤桂湘游击队西坑村文化馆2个红色旅游景点可供免费参观学习；有潜在开发价值的文物古迹、风景名胜、休闲农庄等人文景观很多，覆盖了25个村（居）中的16个，其中石颈村的游击队发源地、坳头村的竹轩书室等具备投入少、维护易、开发周期短的特点。

天子山旅游景区为一组天然梯级瀑布群，位于西坑山区，在清城区第一峰天子山（即大罗山）南麓，距高田碧水滩漂流景区3千米，离清远市区19千米，距广州市区68千米，东距飞来峡水利枢纽工程8千米，毗邻飞霞旅游风景区。有二级水泥路直达景点，交通便利。瀑布群由汇聚天子山泉的溪流穿山跃谷而成，流量巨大。它共有大小瀑布十多处，并有一字潭、龙潭、水帘洞等众多景观，其中：天子山瀑布落差90多米，溪水顺山岩铺泻而下，犹如珠帘挂壁；天后瀑布落差80多米，溪流飞湍而下，穿过山林雾气，蔚为壮观。区内空气清新，每立方厘米空气的负离子含量达10万个以上，实为一座天然氧库，令人心旷神怡。

飞来岛度假村位于北江中游因坝区建设所形成的江心小岛上，距广州市区仅80千米，与银英公路隔江相望，南行30千米接广清高速公路银盏出口、国道G107。广州方向的游客前往度假，可乘坐开往英德的客车，在清远升平旅游码头下车；若自驾游则可直接驶到度假村码头，码头有专人保管车辆。飞来岛度假村山清水秀，风光绮丽，空气清新，令人心旷神怡。度假村内星级客房、大小会议室配备齐全，可提供全方位商务会议服务。度假村内沙滩排球、沙滩足

飞来岛度假村（飞来峡镇政府供图）

球及其他各类沙滩娱乐项目应有尽有，山水泳场、北江垂钓、朝夕观日、北江河鲜农家风味餐食、情侣电动自驾游艇环岛游等休闲节目丰富多彩，实为都市人理想的休闲度假胜地。

山其洞休闲度假村位于飞来峡镇坳头村，由清远市禾隆农业发展有限公司投资兴建，占地近2.7万平方米，以原生态森林观光为主线，以时尚康体运动、木屋民宿、原始森林、龟文化展示为主题，是集娱乐、养生、文化、休闲、观光、度假、旅游、会务等功能于一体的准五星级旅游度假区。

百岁温泉位于清远市清城区飞来峡镇社岗村热水塘，温泉泉眼数百年来喷涌不绝，水质十分纯净，被当地人称为“长寿妙泉”，未被大规模开采和破坏，是纯天然真温泉。百岁温泉“只取第一道温泉水”，泉水从不勾兑、加热和循环处理，被誉为“温泉头啖汤”。百岁温泉水质得天独厚，养生价值极高，是国内罕见的高氡温泉。著名温泉专家冼汉隆教授曾如此评价：“百岁温泉水质极其珍贵罕有，不亚于世界著名的德国巴登巴登温泉和日本三朝温泉。”

富美乡村塑风貌

在已有基础设施与公共服务设施基础上，飞来峡镇坚持生态优先，因地制宜地进行美丽乡村建设。通过政府统筹与社会投资相结合，推动基础设施、旅游配套设施和美丽乡村建设；将乡村建设与旅游景区建设融为一体，高标准打造美丽乡村风貌带，做到村在景中，景在村中，景村交融。

根据清远市美丽乡村风貌带建设要求，围绕飞来峡镇的红色文化、水文化和华侨文化，规划打造红色岁月·乡村返璞美丽乡村风貌带、峡光江景·水蕴新粤美丽乡村风貌带和异域侨乡·岭南温泉美丽乡村风貌带3条主题风貌带。以美丽乡村风貌带建设引领推进农房管控、乡村风貌提升工作，推动从建设美丽乡村向经营乡村转变，实现生态宜居、产业发展、农民增收和村集体经济壮大。加快推进与清远市建成绿色生态发展示范区和粤港澳大湾区“后花园”相协调的生态宜居美丽乡村。

（一）以红色文化为主导，打造红色岁月·乡村返璞美丽乡村风貌带

该风貌带经过高田社区和西坑、文洞、坳头3个行政村，串联41个自然村，总长度约30千米，整体打造了12个特色精品村，并且对全域农房进行改造提升。依托县道X367和乡道Y175，打造约30千米的彩虹旅游公路和约22.1千米的慢行道路，包括红色文旅徒步道和高田水岸慢行步道。该风貌带包含天子山景区、红色教育研学、文洞农业观光、稻川谷、大罗山茶园综合体等项目；建设有高田美丽圩镇，以旅游集散服务中心为定位，优化污水设施和水利工程设施，新建停车场和休闲公园，提升镇区品质；结合农贸市场，增加旅游集散空间，并修复骑楼，增加商业街，提高旅游配套服务能力。

（二）以水文化为主导，打造峡光江景·水蕴新粤美丽乡村风貌带

该风貌带串联北潦、横石、升平3个社区和滘江口、石梨、升平、黄洞、禾仓5个行政村的36个自然村，总长度约21.9千米，整体打造了11个特色精品村，并且对全域农房进行改造提升。依托国道G240，打造了约21.9千米的香樟大道，依托北江两岸滨江路分别打造了约8.8千米和12.6千米的滨江慢行绿道。该风貌带包含聚美金沙滩、水文化展馆、水利枢纽风景区、文创艺术摄影基地和天农现代化麻鸡养殖示范基地等项目；建设有北潦美丽圩镇，以政务服务中心为定位，用主街道风貌整治提升、门户节点整治提升、环境卫生整治提升和民生设施改善工程等策略提升主镇区服务功能，聚集人流；同时立足飞来峡旅游强镇的定位，提高中心镇的旅游配套设施品质，建设酒店、饭店等服务设施。

（三）以华侨文化为主导，打造异域侨乡·岭南温泉美丽乡村风貌带

该风貌带经过江口社区和社岗、竹园、螺塘3个行政村以及1个华侨农场，串联47个自然村，总长度约19千米，整体打造了14个特色精品村，并且对全域农房进行改造提升。依托省道S252和乡道Y259、乡道Y179，打造了约19千米的彩虹旅游公路、约2.6千米的慢行绿道。该风貌带包含生态月子鸡养殖专业合作社、水稻莲花种植基地、温泉度假村和越侨美食街等项目；建设有江口美丽圩镇，以农产品集散枢纽中心为定位，依托离高速出入口近的交通优势，加强产业发展引导。该风貌带不仅需要对接国土规划，进行镇区功能扩容，还要规划增加农产品加工、物流仓储等功能，同时提升医疗卫生、文化教育等服务设施，提高圩镇服务承载力。

飞来峡美丽乡村主题风貌带启动段整体共计71个自然村，其中主干道沿线有35个自然村。围绕红色文化、美丽圩镇和田园观光三大主题，整体规划打造1个生态村、20个特色村、42个示范村和5个整洁村（基数为68个自然村，无法创建的3个自然村不参与计数），占比为1.5：29.4：61.8：7.3；风貌带主干道沿线规划打造1个生态村、14个特色村和20个示范村；风貌带沿线开展美丽乡村建设工程，建设内容包括农房风貌提升、村内主次干道和巷道改造升级、景观风貌提升、公共服务设施优化及市政基础设施优化。

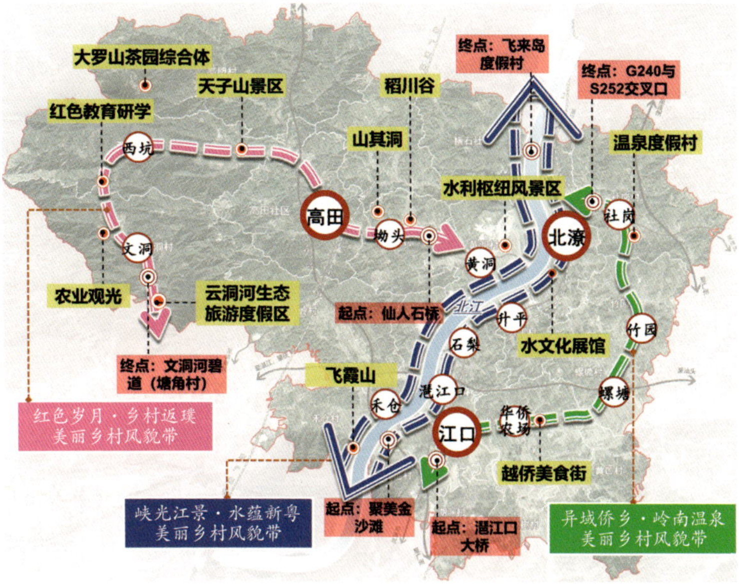

飞来峡美丽乡村主题风貌带

美丽乡村建设情况表

村庄级别	自然村名（有 3 个无法创建的自然村不参与计数）	占比
生态村（1 个）	下坑村	1.5%
特色村（20 个）	带六村、沙一村、沙二村、坳一村、坳二村、竹围村、红联村、圩边村、桐油树村、华堂村、枫树墩村、坑口村、关前村、坳下村、上坑村、张屋村、谢屋村、黄屋排村、田心村、马屋村	29.4%
示范村（42 个）	大坪村、石角村、连珠岗村、梅一村、梅二村、新光村、仙人石村、鹅寮村、线鸡村、岭脚村、仓一村、仓二村、塘尾村、东坑村、台村、冷水坑村、横洞村、卢屋村、生龙村、范屋村、邹屋村、红光村、增杰村、立新村、石群村、陆屋村、新丰村、新昌村、木铺村、四方围村、曹屋村、红山村、红星村、红心村、红石村、新农村、石梨下村、江屋村、下赤坭村、卢屋村、石屋村、婆坑村	61.8%
整洁村（5 个）	白石塱村、梅仔坑村、新华村、大窝村、大田面村	7.3%

绿色发展促转型

农业全产业链是指围绕区域农业主导产业，将农业的研发、生产、加工、储运、销售、品牌、体验、消费、服务等各环节、各主体链接成协同发展的有机整体。以绿色发展为先导的农业全产业链融合，是保障农业提质增效与环境友好、实现农业生产绿色转型的核心要义。国家高度重视农业产业链融合与生态环境的协同发展。强化农业全产业链建设与绿色转型升级，在保障优质农产品有效供给的同时实现生态环境质量提升，成为我国农业绿色高质量发展的重大需求。

飞来峡镇依托省级农业产业园平台建设，以全产业链融合为主线，立足飞来峡丰富的农业资源和深厚的农业基础，践行绿色发展理念，坚持生态优先与环境友好原则，搭建种养—加工—物流仓储—销售农业全产业链平台，开展产业升级、链接与融合，大力发展休闲农业、创意农业、农产品电子商务等新业态，实现全产业链效率与产值协同提升；突出特色产品，打造“石颈黑皮冬瓜”“大罗山茶叶”“天农清远鸡”等特色产业招牌，充分利用森林资源发展林下经济——林菌模式，拎好粤港澳大湾区的“菜篮子”。

飞来峡镇建立了“电商平台+区域电商物流园+田头小站”的流通平台。一是在北潦社区建立电商平台作为网络销售服务平台，发挥农产品质量监管、订单接收、物流信息核查等功能；同时作为“网红”孵化、直播带货基地，打通农产品网络化销售渠道。二是在银地村靠近高速出入口的位置建设区域冷链物流园，结合清远市清城区粮食储备库新库，解决农产品储藏与运输问题；由镇统一布局设点建设移动式田头冷库，确保生鲜农产品保鲜，共享利用，解决田头“最初一公里”难题。三是拓展“3线下+2线上”多条销售渠道，让飞来峡的品牌走出去。线下打造三大平台——以旅客为主要消费者打造展销平台，以

飞来峡镇三大农产品品牌

批发商为主要消费者打造农产品批发市场，以镇内居民为主要消费者打造农产品超市；线上开拓两大途径——通过农产品电商和自媒体销售，运用短视频打造IP、“直播+农业+电商”等方式促进农产品的销售。

科技助力兴农业

飞来峡镇的农业经过多年的发展，农业基础设施相对完善，支农惠农政策体系不断健全，产业发展基础较为扎实，产业特色鲜明突出。同时，面对国际、国内市场的复杂形势，立足生态优先，实现向现代都市型农业转型，形成较强竞争力的现代农业体系，能够精准把握战略机遇内涵的深刻变化，更加有效地应对各种挑战。

由政府统筹，以智慧农业云平台为支撑，建设农业产业资源库，构建数字飞来峡智慧农业体系，是飞来峡镇保障高效绿色农业发展，实现科技助力生态发展的重要举措。互联网技术与农业生产不断融合，逐渐形成以农业机械化、科学育种、设施农业等为代表的依靠科技成果的先进生产手段，将黑皮冬瓜种植示范基地、大罗山茶种植示范基地和天农现代化麻鸡养殖示范基地作为镇域农产品种养技术的综合示范基地；利用人工智能、云计算、大数据、物联网等技术，实现生产阶段的智能决策、自动控制与精准管理；同时依托互联网技术的发展，形成农业信息化服务平台，打破传统农业产业链中的信息壁垒，减少信息不对称，为小农户、消费者、农业社会化服务市场等主体间的有效对接提供了条件。

飞来峡镇通过“特色产业发展+都市农园+南北跨境电商交互”全力驱动，建设“生态农业、功能农业、数字农业”标杆，有效地提高了飞来峡镇农业规模化和产业化程度，有效地提升了产品生产及销售环节的抗风险能力，有效地拓展了各种丰富的特色农业产品的销售渠道，有效地加强和丰富了政府的服务、管理能力和手段。

自然山水载旅游

依托飞来峡的特色文化资源和自然资源，以山水为底色、农业为载体、文化为亮点打造多主题全域旅游项目；依托美丽乡村风貌带建设，丰富红色研学、北江风情、归侨文旅3种旅游体验；依托特色，因地制宜，打造飞来峡十八景。

（一）依托镇域西部片区发展红色研学

一是以西坑村和文洞村为核心打造红色研学教育基地，充分挖掘文洞革命老区的历史文化，以红色旅游线路为主线，串联基地、农业观光园、红色剧场、文洞河漂流和飞桥村等资源，配套相应的旅游服务设施，打造红色乡村游；二是以高塱村为核心打造大罗山农旅综合体，结合茶园种植基地，发展竹艺工坊、儒心谷等延伸产业链，新增登山驿站等旅游配套设施；三是以旧岭村为核心打造乡野田园综合体，以良好的生态森林资源，发展旧岭森林生态庄园项目，并配套相应的现代农业旅游服务中心；四是以坳头村为核心发展生态农业观光产业，依托丰富的生态田园资源，发展花川谷和稻川谷两大特色项目，并结合休闲艺术和轻运动文化，建设竹轩书室和骑行驿站，打造乡村“慢生活”，让游客体验田园乐趣。

（二）依托北江发展亲水旅游项目，利用北江两岸文化元素讲好飞来峡镇乡村振兴故事

一是以禾仓村为阵地打造水蕴文创艺术村，发展艺术展览、文创集市和艺术摄影等新产业业态；二是以北潦社区和黄洞村为阵地打造北江水利科普基地，重点推进水文化展馆和水利研学教育基地项目，并结合水库观光，发展集研学科普和自然观光于一体的乡村旅游线路；三是依托横石社区打造北江水上运动旅游区，结合北江自然风光和独特的金沙滩搭建帐篷营地，大力发展文化体育新业态。

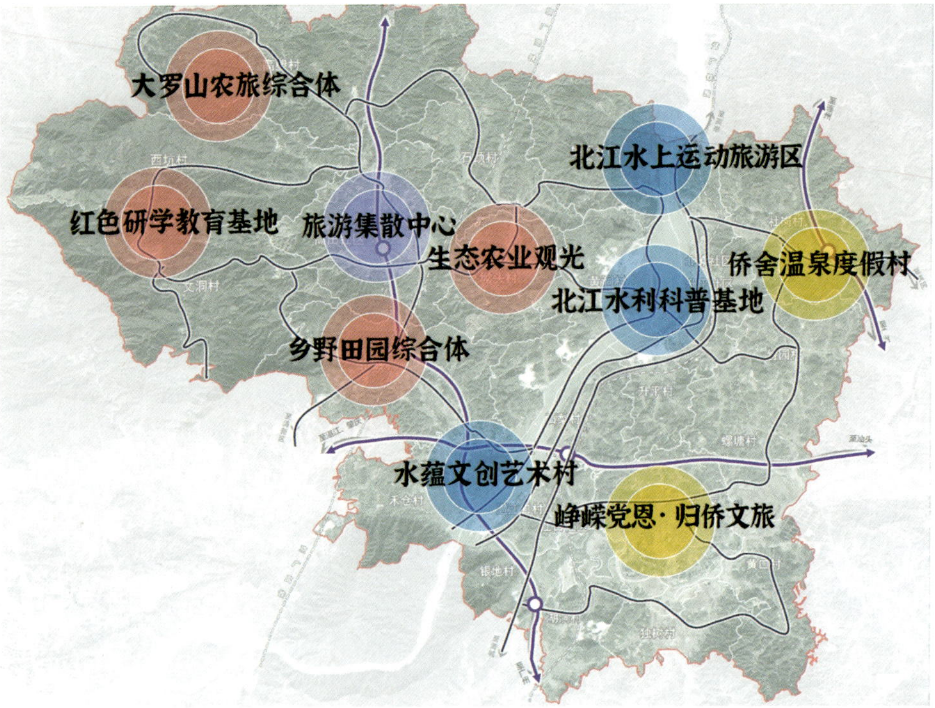
大罗山农旅综合体
北江水上运动旅游区
红色研学教育基地
旅游集散中心
生态农业观光
侨舍温泉度假村
北江水利科普基地
乡野田园综合体
水蕴文创艺术村
峥嵘党恩·归侨文旅

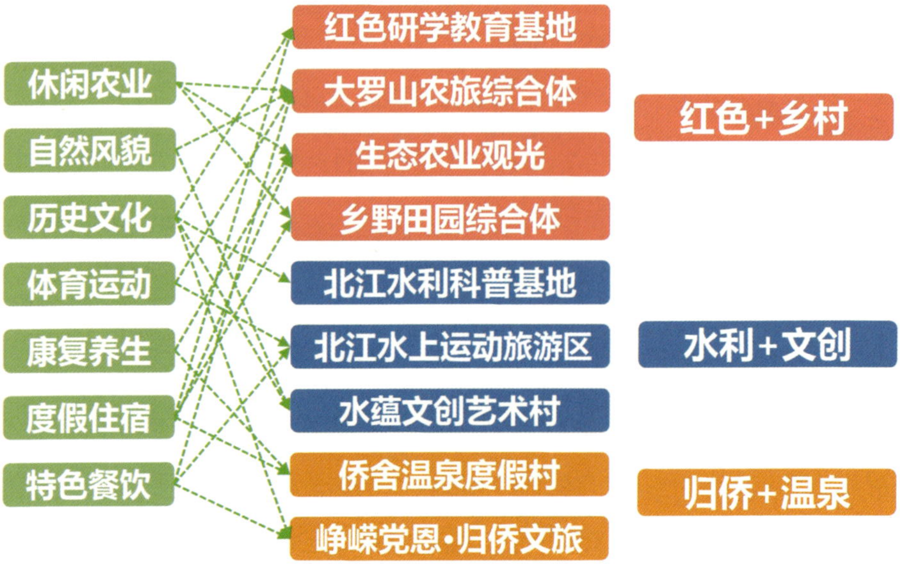
休闲农业
自然风貌
历史文化
体育运动
康复养生
度假住宿
特色餐饮
红色研学教育基地
大罗山农旅综合体
生态农业观光
乡野田园综合体
北江水利科普基地
北江水上运动旅游区
水蕴文创艺术村
侨舍温泉度假村
峥嵘党恩·归侨文旅
红色+乡村
水利+文创
归侨+温泉

多主题全域旅游项目

飞来峡十八景

（三）依托镇域东部片区发展归侨文旅产业

一是依托华侨农场，以“忆峥嵘·感党恩”为主题，充分利用飞来峡镇东南亚归侨文化的历史底蕴与归侨文化情结，通过打造归侨文化展馆、异域风情民宿、特色餐饮一条街等与乡村旅游有机结合，实现乡村生态旅游的文化升级，促进飞来峡镇旅游产业的提质增效。二是以社岗温泉为核心，结合温泉资源和越侨文化，打造侨舍温泉度假村，并配套骑行驿站等旅游基础设施。

多主题全域旅游项目建设情况表

序号	项目名称	建设内容	建设地点
1	红色研学教育基地	农业观光园、红色研学教育基地、红色剧场、文洞河漂流、飞桥村	西坑村、文洞村
2	大罗山农旅综合体	大罗山茶园综合体、儒心谷、竹艺工坊、登山驿站	高塱村

续表

序号	项目名称	建设内容	建设地点
3	生态农业观光	花川谷、稻川谷、竹轩书室、骑行驿站	坳头村
4	乡野田园综合体	旧岭森林生态庄园、旅游服务中心、乡野民宿群	旧岭村
5	北江水利科普基地	水利研学教育基地、水文化展馆、水库观光、精品民宿	黄洞村、北潦社区
6	北江水上运动旅游区	帐篷营地、水上运动、游客服务中心	横石社区
7	水蕴文创艺术村	禾仓文创艺术村、摄影基地	禾仓村
8	侨舍温泉度假村	温泉度假村、骑行驿站、精品酒店	社岗村
9	峥嵘党恩·归侨文旅	越侨骑楼街、归侨文化展馆、越侨美食街、异域风情民宿、稻花海绵公园	华侨农场

生态体系搭平台

许多景区虽然拥有美丽的自然风光，但如果后天的基础设施和服务跟不上，生态优势就很难转化为经济优势。自然资本需要后天的人造资本投入来维护，还需要后天的人力资本投入，包括统筹规划、品牌策划、市场营销，并增强经营管理能力。由于生态产品的不可分割性，很难将生态系统的某个局部进行转化，因此统筹协调和整体规划往往是必不可少的。生态产品价值是以质取胜，维护生态产品的质量，也需要统筹规划、监督管理。在市场化路径下，生态产品价值实现的关键是要提升生态优势转化能力。

飞来峡基于美丽的自然环境、良好的生态资源，通过搭好“综合服务—购物—餐饮—住宿—交通”全方位旅游服务平台，注重多元特色旅游产品的开发与活动设计，进一步提升生态优势转化能力，助推旅游产业发展。

搭建全方位旅游服务平台。一是在旅游服务上，在乡村旅游景区（点）前端搭建旅游服务中心，包括旅游集散中心、旅游服务中心、旅游驿站。二是在旅游购物上，依托圩镇建设购物和旅游观光并重的特色展销街，在景区设立与景点关联密切的特色商铺点。三是在餐饮设施上，建立包含特色美食街、主题餐厅、农家乐等的多样化、多层次餐饮设施，使餐饮不仅能够满足游客的饮食需求，而且成为旅游景区一道亮丽的风景线。四是在特色住宿上，鼓励村集体经济组织以出租、合作、入股等方式盘活利用空闲农房、宅基地，按照规划要求和用地标准改造建设民宿、创意办公、拓展培训、乡村旅游等乡村体验活动场所，积极构建以民宿为特色、酒店和民宿并重、以房车营地为补充的旅游住宿设施体系，给游客宾至如归的感受。五是在交通体系上，结合飞来峡的交通系统及旅游资源，建设完善的交通集散体系、自驾车服务系统、自行车租赁系统、水上游船系统，满足多种生态交通、旅游需求；建设由旅游镇、行政村、旅游景区构成的三级游客集散体系，其功能包括旅游集散、交通换乘、旅游咨询、综合服务等；对接自驾游日益成为热点的市场特征，坚持氛围生态化、设施景观化、服务标准化、产品特色化，利用可持续等原则，人性化考虑自驾车出游者在观光、休闲、度假、娱乐、购物等方面的需求，规划建设自驾车营地体系，提供信息服务、住宿、餐饮、购物、汽车维修补给等基本服务，并根据主题、场地条件设置户外运动、娱乐、软性活动项目；建设自行车无障碍中介系统（城市公共自行车或共享单车），包括信息服务中心、智能电子卡识别系统、收费管理系统、调度系统、城镇地图系统等；合理设置自行车服务点，主要沿绿道及景区景点设置，以保证游客的游览体力与兴趣为标准；开辟北江水上游线，设置水上公交船、出租船，完善服务体系，合理规划设计水上游线。

飞来峡全方位旅游服务平台

飞来峡特色旅游活动

特色旅游产品的开发与节庆活动设计。一是要重点开发特色乡村旅游产品。美食旅游产品以黑皮冬瓜、高山茶叶、清远麻鸡、河鲜美食、东南亚美食和竹笋为主，文化体验旅游产品包括文洞红色研学基地、北江水文化展馆、归侨文化展馆、禾仓文创村和高塱竹艺工坊等项目，生态休憩旅游产品包括北江水上游船、社岗温泉度假、坳头农业观光、旧岭森林生态庄园等项目。二是大力开展节庆活动。构建全域旅游要以全季全时、多样化的民宿活动为载体，开展温泉文化节、元宵花灯、摄影大赛、骑行赛事、茶艺文化节、龙舟竞技、红色研学徒步月、古村文化节、重阳登高、越侨美食节和冬瓜宴等活动。

全方位旅游服务平台建设表

分类	项目	建设地点
旅游服务	旅游集散中心	高田旅游集散服务中心
	旅游服务中心	北潦旅游服务中心、江口旅游服务中心
	旅游驿站	社岗、横石、龙埗、禾仓、旧岭、文洞、西坑、高塱、坳头
旅游购物	特色展销街	高田社区、江口社区
	特色商铺点	高塱竹茶产品销售、禾仓文创产品销售、东南亚美食商品、西坑红色商品销售
餐饮设施	特色美食街	越侨美食街
	主题餐厅	社岗温泉主题餐厅、坳头花海主题餐厅、北江河鲜主题餐厅
	农家乐	文洞、高塱、旧岭
特色住宿	星级酒店	北潦星级酒店、社岗温泉酒店
	特色民宿	华侨农场、高塱、坳头、禾仓
	房车营地	飞来峡大坝房车营地、高田房车营地

乡村振兴，关键在党。组织振兴是乡村振兴的“第一工程”，是新时代党领导农业农村工作的重大任务。基层党组织是乡村振兴战略的“主心骨”，只有抓好基层组织建设，才能更好地发挥党组织的引领和堡垒作用。中共中央办公厅、国务院办公厅印发的《乡村建设行动实施方案》中强调，乡村建设的重点任务之一就是加强农村基层组织建设，深入抓党建促乡村振兴，充分发挥农村基层党组织领导作用和党员先锋模范作用。

在此背景下，作为清远市深化农村综合改革试点镇的水头镇的村党组织以行动诠释了“一名党员是一面旗帜，一个支部是一座堡垒”。镇政府团结带领全镇人民结合自身实际，以“一带二路三产业四平台”的发展思路，立足新发展阶段，贯彻新发展理念，以推动高质量发展为主题，以巩固拓展脱贫攻坚成果、全面推进乡村振兴为目标，

水头镇

第八章

组织振兴：党建引领 富春山居

坚持共同富裕方向，深入实施乡村振兴战略。党的建设不断强化，意识形态工作持续加强，扎实开展基层党建示范点创建，水头镇形成了独具特色的红色课堂。同时水头镇坚持“生态保育区”的功能定位，将“生态水头，绿色发展”作为发展基调，把脱贫成果“巩固好”、把富民产业“发展好”、把美丽村镇“建设好”、把公共服务能力“提升好”、把党建引领作用“发挥好”作为发展的总要求；将全面打造广东省先行示范镇作为总目标，致力于“农文旅”融合促进产业现代化建设，持续推进“一村一品”产业发展模式，统筹推进莲瑶、新坣、新联、桂元、石潭5村连片的省级新农村连片示范区建设，最终将“滃江之源、美丽水头”打造成为生态、宜居、健康、文明的美丽小镇，有力促进城乡融合发展。

特色资源在水头

两山两河、一湖一泉、卧佛飞瀑、千年温泉，这里是粤港澳大湾区的“后花园”“康养地”“旅居地”——佛冈县；依山傍水，十村十景，尽显“富春山居”之风——这里是佛冈县水头镇。

水头镇位于佛冈县东部，距县城11千米，是中共佛冈县第一个党支部发源地，红色底蕴深厚。镇域山溪河流交错，风景秀丽，生态良好，为“生态保育区”。全镇总面积为146.21平方千米，下辖潭洞、西田、石潭、桂田等10个行政村和1个水头社区，户籍人口3.24万人。水头镇为滘江的源头，故名“水头”，始建于宋代。水头历史悠久，出土过新石器时代的文物，至今还保留有宋代古榕、明清献崔公祠、明东坑黄氏宗祠等。清嘉庆年间，水头属佛冈厅吉河乡；民国期间属佛冈县一区天水乡；中华人民共和国成立后属佛冈县二区水头乡，1955年设水头区，1957年改乡，1958年10月属从化县佛冈人民公社水头

“党建＋乡村振兴”轴

大队，1961年5月属佛冈县水头公社，1983年12月复设水头区，1987年1月撤区建镇，称水头镇至今。

一、生态格局错落有致——一江串九村

水头镇为北江支流潖江的发源地，潖江起源于水头镇上潭洞的通天蜡烛（山名）南侧，由东向西南流经上潭洞、下潭洞、西田村、桂田村、水头圩镇，于耀洞村接纳洞耀水，经莲瑶村、莲塘村，于二七村接纳诚迳水，过三八镇又接纳九曲水，过吊牛岭至佛冈县城。潖江流经之处孕育出村落文明，形成各具特色的九村风貌，如具有祈福文化底蕴的莲瑶村、农耕文化浓厚的新坣村、客家文化特色鲜明的铜溪村等。九村串联，一脉相承，尽显“富春山居”之风。

水头镇的生态格局

二、文化格局各具特色——四大特色，底蕴深厚

水头镇在浧江水的滋润下孕育出四大文化，包括农耕文化、红色文化、客家文化及祈福文化。农耕文化以新坣村为代表，农耕器具、工艺、体验独具特色；红色文化以石潭村为代表，依托“天西乡”党支部旧址，建设红色党建教育基地；客家文化以同兴村七十二家房客、新龙围古村旧居等为代表，彰显传统村落空间；祈福文化以镇内龙牙古庙、东坑黄氏宗祠、五福楼、关帝庙为代表，感受山风古韵脉络。

水头镇的文化资源

三、产业格局成效显著——三产协同，绿色发展

水头镇现已有碧桂园和红苹果两大企业进驻，建成独王山鹰嘴桃、桂田番石榴、石潭无花果等10个100亩以上的种植基地，发展“农文旅”项目，推进桂田、石潭等一村一品项目，建设新坣电商产业中心，打造4条精品旅游线路。

过去5年，水头镇的经济格局从“产业单一”向“趋于均衡”转变。受“生态保育区”定位限制，过去的水头主要依靠农业产业发展，结构单一，特别是砂糖橘失收之后，生产经营效能低下，农民增收困难。经过不断探索和大胆实践，5年间实现了三大产业均衡发展的良好局面，固定资产投资5年来累计完成19.2亿元。2016年引进红苹果家具项目，规模以上企业实现了从“有”到“优”的跨越，该项目于2021年正式投产，年产值达16亿元。农业方面，扎实推进15 033亩土地确权颁证工作，不断推进土地经营流转和土地整治整合，持续发展适度规模产业，建成50亩以上基地28个、100亩以上示范基地10个，无花果、鹰嘴桃、番石榴、嘉宝果等特色农业产业势头良好，经济效益稳步提升。与此同时，依托省级新农村连片示范区，全面整合农业产业资源和红色文化旅游资源，发展乡村全域旅游产业。

水头镇产业布局

六大短板待突破

水头镇目前的发展还面临着六大短板。一是建设用地节约集约利用率偏低，建设用地供需矛盾突出；二是经济总量和产业规模偏小，缺少新型生态工业，农业现代化和产业化程度低，全域旅游服务发展仍较滞后；三是主动对接县城东扩战略的政策、措施不多，区位优势发挥不明显；四是镇村规划和基础设施建设短板突出；五是由于农村就业环境不佳，存在较多老龄化的“空心村”，村民参与乡村振兴建设的积极性不够，一定程度上存在“干部干，民众看”的现象；六是在扩大教育、医疗等优质公共服务供给方面仍存在短板。

城镇发展粗犷

头雁唤醒沉睡宝

习近平总书记指出：“党的基层组织是党的肌体的‘神经末梢’，要发挥好战斗堡垒作用。”农村基层党组织与基层群众距离最近、联系最广、接触最多，是党在农村全部工作和战斗力的基础。要推进乡村振兴，必须紧紧依靠农村党组织和广大党员，使党组织的战斗堡垒作用和党员的先锋模范作用得到充分发挥，带领群众同频共振，推进“五大振兴”。

水头镇自然资源丰富，农业发展较好，且具有一定的产业发展基础。村中拥有红苹果家具公司和碧桂园2家企业，但由于基层组织经济力量薄弱，造血能力偏低，存在资源分散、资源浪费等情况。近年来，村集体积极寻求发展之路，通过改革唤醒“沉睡资源”，调动产业活力，真正将“边角地”变成了“聚宝盆”，为农业农村现代化注入新动能。

水头镇坚持“抓党建、促发展”的工作思路，在强组织、引人才、用阵地、富经济上持续发力，推动农村基层党组织全面进步、全面过硬，不断激活乡村振兴组织动能。在组织振兴引领乡村振兴中强化党建工作，按照“一带二路三产业四平台”的发展布局和思路（即建设湛江两岸群众休闲风景带，开展省道S245线、镇村连接道路改造提升，发展特色农业、乡村旅游业、乡村服务业三大产业，抓好党建平台、廉政文化平台、公务服务平台、社会治理平台四个平台建设），整体推进乡村振兴帮扶工作，力争到2025年，把“湛江之源、美丽水头”基本建成生态、宜居、健康、文明的美丽小镇，将其成功打造成全省乃至全国乡村振兴帮扶示范样板。

乡村振兴是一篇大文章，包括产业兴旺、生态宜居、乡风文明、治理有效、生活富裕的总要求，也离不开建立健全城乡融合发展体制机制和政策体系。不管哪项工作都是复杂的系统工程，需要统筹多种力量、整合多方资源。

这就意味着，各级党委要扛起政治责任，落实农业农村优先发展的方针，以更大力度推动乡村振兴，突出抓基层、强基础、固基本的工作导向，推动各类资源向基层下沉，为基层干事创业创造更好条件。

一、强化队伍建堡垒

中共中央办公厅、国务院办公厅印发的《乡村建设行动实施方案》中提出，乡村建设的重点任务之一就是加强农村基层组织建设，其中持续优化村“两委”班子特别是带头人队伍，对全面推动乡村振兴具有重要意义。首先，干部队伍的强化能够锻造乡村振兴的“主力军”。实施方案中强调，乡村振兴的重点之一就是选优配强乡镇领导班子特别是党政正职。派强用好驻村第一书记和工作队，健全常态化驻村工作机制，做到脱贫村、易地扶贫搬迁安置村（社区）、乡村振兴任务重的村、党组织软弱涣散村全覆盖，推动各级党组织通过驻村工作有计划地培养锻炼干部。其次，加大在青年农民特别是致富能手、农村外出务工经商人员中发展党员力度。再次，强化县级党委统筹和乡镇、村党组织引领，推动发展壮大村级集体经济。

水头镇在党建方面持续发力，强化干部队伍，提升基层党组织战斗力，推动任务落实，大力推进乡村振兴工作。建立镇、村两级党组织书记抓党建清单的工作机制，围绕产业发展、生态宜居、乡风文明等重点工作，压实党建责任；提升基层党组织的组织力，扎实开展3个基层党建示范点创建，其中新坣为市级示范点，王田、石潭为县级示范点，新坣村的“小党校，大熔炉”、王田村的“革命摇篮，服务领先”、石潭村的红色课堂各有特色。

水头镇抓班子、强队伍，提升基层党组织战斗力。坚持精锐出战，重点突破，把作风扎实、攻坚能力强的人放在乡村振兴前沿，把强大的力量、优势的资源下沉到组织建设薄弱、脱贫攻坚艰巨的地方；树好选人用人风向标，把乡村振兴作为培养锻炼干部的平台，激发和调动党员干部投身乡村振兴伟大实践的积极性；持续强化领头雁工程建设，抓住支部书记这个关键，通过调整充实、轮训培训等多种举措锻造一支靠得住、用得上、善成事的支部书记队伍，带领群众打赢脱贫攻坚战，勤劳致富奔小康；持续深入开展能人治村，通过请回一批能人、提升一批老人、培养一批新人、淘汰一批庸人，不断强化村“两委”班子力量，真正把能干事、会干事、群众威信好、能带领群众致富增收的能人充实进班子，不断提升基层组织战斗力；通过认岗定责亮身份等活动，充分发挥党员先锋模范作用，将党员力量展现在基层治理、产业发展、脱贫攻坚等工作的方方面面；坚持末位淘汰制，集中整治软弱涣散基层组织，完成晋位升级；全面参与扫黑除恶、打非治乱专项行动，重点治理村霸、“蝇贪”和组织生活不正常等问题，着力打造遇事不糊涂、关键时刻起作用的基层战斗堡垒。

二、依靠群众促振兴

脱贫攻坚取得胜利后，要全面推进乡村振兴，这是“三农”工作重心的历史性转移。习近平总书记强调：“乡村振兴不是坐享其成，等不来、也送不来，要靠广大农民奋斗。”“十四五”规划和2035年远景目标纲要围绕“坚持农业农村优先发展、全面推进乡村振兴”作出一系列重要部署。贯彻落实这些重要部署，既要借助外力，更要激发内生动力，形成全面推进乡村振兴的强大合力。这就要求充分发挥亿万农民的主体作用，充分释放蕴藏在农民群众中的创造伟力。

水头镇在推进乡村振兴的工作中，坚持群众路线，树牢群众观点，面向群众传递乡村振兴的目的、意义，加强当地居民的支持力及凝聚力。集中力量推进教育卫生事业——启动小学升级改造，新建水头卫生院中医馆，推进农村养老医疗保险全覆盖，建立健全农村留守儿童、老人关爱服务体系，强化村庄基础设施建设，推进农村劳动力技能培训；重视对孤儿、空巢老人、“五保户”、低保户、残疾人等特困群体和弱势群体的关心关爱，想尽一切办法解决群众“急难愁盼”的问题。

水头镇基层党组织思群众之所思、急群众之所急、想群众之所想，与群众同坐一条板凳。为充分发挥群众在乡村振兴中的主体作用，首先是要完善广大农民群众投身乡村振兴的政策和制度。习近平总书记指出："全面实施乡村振兴战略的深度、广度、难度都不亚于脱贫攻坚，要完善政策体系、工作体系、制度体系，以更有力的举措、汇聚更强大的力量，加快农业农村现代化步伐，促进农业高质高效、乡村宜居宜业、农民富裕富足。"其次是提升广大农民群众参与乡村振兴的综合能力。习近平总书记强调："就地培养更多爱农业、懂技术、善经营的新型职业农民。"广大农民群众是乡村振兴的主力军，要广泛依靠农民、教育引导农民、组织带动农民投身乡村振兴、建设美好家园。最后是激发广大农民群众的积极性、主动性、创造性。习近平总书记指出："要尊重广大农民意愿，激发广大农民积极性、主动性、创造性，激活乡村振兴内生动力，让广大农民在乡村振兴中有更多获得感、幸福感、安全感。"

三、平台建设搭快车

《中共中央　国务院关于做好2022年全面推进乡村振兴重点工作的意见》是中央连续出台的第19个指导"三农"工作的一号文件，充分体现了党中央、国务院驰而不息、重农强农的坚强、坚定决心，为广大农民群众送来了政策春风和民生礼包。其中提到的"三项重点"就是扎实有序推进乡村发展、乡村建设、乡村治理。乡村发展方面，重点推进农村一、二、三产业融合发展，促进农民就地就近就业增收；乡村建设方面，重点加强普惠性、基础性、兜底性民生建设，健全实施机制；乡村治理方面，重点加强农村基层组织建设，创新农村精神文明建设有效平台载体，维护农村社会平安稳定。

实施乡村振兴战略是新时代做好"三农"工作的总抓手。推进乡村振兴战略落实落地，关键要解决有钱办事、有人办事、有平台办事的问题。村投平台要实现健康可持续发展，必须发挥好平台功能，注重完善平台的管理经营资产、对接政策性资金、投资产业项目等功能。一方面，发挥村投平台的资源、管理和人才优势，对合并划转的资源资产进行统一经营管理，提高运营质量，实现保值增值；另一方面，搭建产业项目和资金资本的对接桥梁，解决产业项目缺投资、政策资金缺统筹、金融资本缺载体的问题，形成财政统筹、金融支撑、社会参与的多元投入格局。平台发展得越好，乡村振兴的基础就越稳固。

水头镇持续推进四大平台建设，即党建平台、廉政文化平台、高标准区域公务服务平台、社会治理平台，全方位打造乡村振兴帮扶示范样板镇。党建平台依托镇委党校、爱国主义教育基地、新坣村党群服务中心等，强化镇村党建队伍的组织能力、工作能力；廉政文化平台依托本土廉政文化、红色文化等资源，强化各行政村的廉政宣传力度，营造崇廉尚洁的良好社会氛围；高标准区域公务服务平台从公服建设、风貌提升、卫生管理、智慧化改造、人居环境改善等各方面全方位提升水头镇的管理建设水平；社会治理平台依托基层治理体系，完善基层民主协商制度、发展网格化基层治理模式，全面加强社会主义精神文明建设。

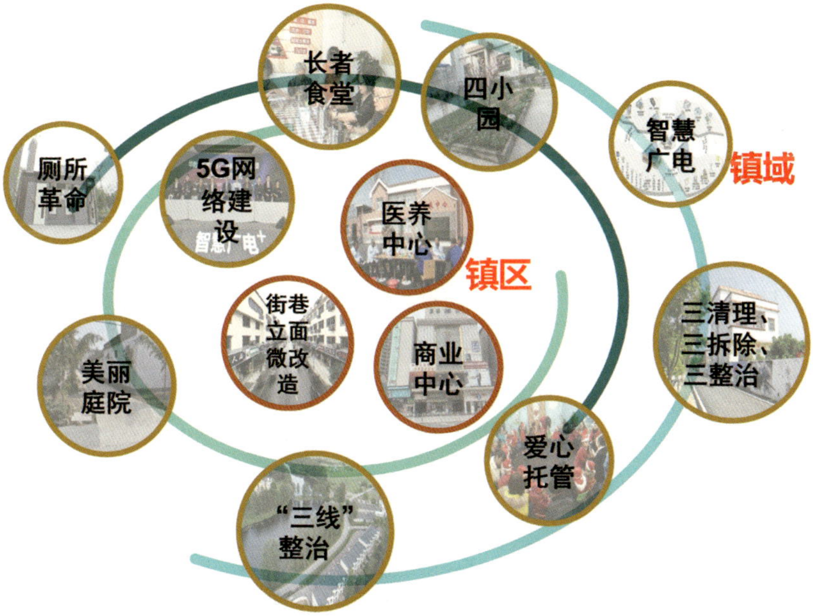

四大平台相关重点建设项目

党建助力人居美

中共中央办公厅、国务院办公厅印发的《农村人居环境整治三年行动方案》中提出，改善农村人居环境，建设美丽宜居乡村，是实施乡村振兴战略的一项重要任务，事关全面建成小康社会，事关广大农民根本福祉，事关农村社会文明和谐。整治人居环境的核心指导思想是全面贯彻党的十九大精神，以习近平新时代中国特色社会主义思想为指导，紧紧围绕统筹推进“五位一体”总体布局和协调推进“四个全面”战略布局，牢固树立和贯彻落实新发展理念，实施乡村振兴战略，坚持农业农村优先发展，坚持绿水青山就是金山银山，顺应广大农民过上美好生活的期待，统筹城乡发展，统筹生产生活生态，以建设美丽宜居村庄为导向，以农村垃圾、污水治理和村容村貌提升为主攻方向，动员各方力量，整合各种资源，强化各项举措，加快补齐农村人居环境突出短板，为如期实现全面建成小康社会目标打下坚实基础。

水头镇村党组织牵头，启动基础建设，倾力打造新的生活生产环境。2016年，水头镇申报创建18个美丽乡村，包括13个整洁村、5个示范村，规划总投资1 068万元，在两轴沿线打造美丽乡村示范点。以农业产业发展为基础、美丽乡村建设为抓手，推进乡村农业观光旅游发展；在“两轴一河一路”沿线村打造美丽乡村示范村、现代农业示范基地，以点连线，以线带面，分步推进。美丽的规划蓝图正在铺展，水头“绿色生态”品牌正在打响，通过大力推进基础设施建设，水头镇的生活生产环境得到改善。

佛冈县水头镇镇域乡村振兴规划项目库

项目类型	项目编号	项目名称		项目位置	备注	完成时间	投资估算 / 万元	资金来源
美丽圩镇建设	21	三项治理	三清三拆三整治	圩镇	—	2021 年底前（已完成）	200	政府统筹
	22	三线下地	电力线	圩镇	约 1.5 千米	2022 年底前	500	政府统筹
	23		电信线	圩镇	光纤 + 光缆共约 23 千米	2022 年底前		政府统筹
	24		广播电视线	圩镇	主线 20 千米，支线 30 千米	2022 年底前		政府统筹
	25	垃圾治理	垃圾转运站升级改造	圩镇	设压缩式转运，普及密闭式运输车辆	2021 年底前（已完成）	50	政府统筹
	26		配置垃圾分类投放箱	圩镇	—	2021 年底前（已完成）	30	政府统筹
	27	污水治理	生活污水管网建设	圩镇	新建污水管网支线联通主线	2025 年底前	200	政府统筹
	28	风貌提升	省道门户节点打造	国道 G106 与省道 S245 交接处	—	2022 年底前	20	政府统筹
	29		省道 S245 道路拓宽	圩镇	—	2022 年底前	4 000	政府统筹
	30		道路黑底化	圩镇	—	2022 年底前		政府统筹
	31		镇标门户节点	圩镇	—	2022 年底前		政府统筹
	32		建筑立面改造	圩镇	立面改造、商铺统一招牌	2022 年底前		政府统筹
	33		街头公园	圩镇	配套文化体育设施	2022 年底前		政府统筹
	34	商业设施	滇农贸批发市场（电子商务市场）	圩镇	总用地面积 1 999.2 平方米，规划三层：一二层为各类生活物资摊位，三层为特色农产品批发中心和电商直辖平台	2025 年底前	1 134.51	社会投资
	35		商业文化中心	圩镇	总用地面积 3 446.5 平方米	2023 年底前	4 694.88	社会投资
	36	社会福利设施	长者食堂	圩镇	建筑面积约 600 平方米	2025 年底前	80	政府统筹

一、生态治理不掉队

党的十八大以来，水头镇通过构建生态环境治理平台，治理能力不断加强，生态系统功能进一步优化。水头镇农村人居环境整治取得新成效，落实了水利设施及清淤工程、核心村建设工程、辐射村建设工程、机耕路及桥梁建设工程，清拆了自然村的破旧房屋，清理了堆积的杂草垃圾、水坑淤泥，农村人居环境得到全面改善，莲瑶、新堂、新联、桂元、石潭5村连片的省级新农村连片示范区建设颇具成效。

2018年1月，中共中央办公厅、国务院办公厅印发《农村人居环境整治三年行动方案》，明确提出以建设美丽宜居村庄为导向，以农村垃圾、污水治理和村容村貌提升为主攻方向，到2020年，实现农村人居环境明显改善，村庄环境基本干净整洁有序，村民环境与健康意识普遍增强。

水头镇全面开展了人居环境整治工作。首先，全镇投入800余万元，扎实开展“三清三拆三整治”工作。积极实施小城镇环境综合整治行动：整治环境卫生、城镇秩序、乡容镇貌，消除“脏乱差”现象，“六整”乱搭乱建、乱堆乱摆、乱停乱放、乱贴乱画。致力于提升环境设施水平：扎实做好厕所、垃

水头镇示范区建设成效显著（水头镇政府供图）

圾、污水“三治”。全面完成127个自然村的清拆任务，清拆破旧房屋4 980间，清拆面积达15万平方米，清理堆积杂草垃圾1 000多吨，清理排水坑淤泥9 705立方米。其次，深入开展乡村清洁工作。全镇10个行政村的127个自然村全部设立保洁岗，设置垃圾收集点211处，落实保洁员196人，并配备全新的保洁工具。持续提升水头镇服务能级，构建镇域的公共设施体系，补齐便民商业、文化、健身、普惠养老设施。全面提升服务能力，形成功能复合、便民惠民的家园中心。最后，有机更新，保留水头镇地方风貌特色，整体保护城镇空间格局、景观风貌、街巷系统和尺度空间，注重新旧建筑风貌协调，让城镇更加美观、绿色、低碳、舒适。

水头镇扎实推进美丽乡村建设，农村基础设施日渐完善，完成独王山—上潭洞路面扩建工程、新坣村窄路拓宽和安全防护工程、西田至潭洞村道路和镇政府至铜溪道路建设工作。加快构建碧道骨架，继续美化、亮化河堤两岸，持续做活“水文章”，改善乡村景观风貌。

水头镇人居环境明显改善（水头镇政府供图）

二、水利建设优滨海

水利部召开的高质量推进中小河流系统治理工作会议强调，应深入贯彻习近平总书记“节水优先、空间均衡、系统治理、两手发力”治水思路和关于治水重要讲话指示批示精神，推动新阶段水利高质量发展。

水头镇贯彻关于系统治水的指示精神，加快推进水利建设，落实高标准农田建设和撂荒土地整治工作，推进灌区、水利改造工程建设，大力推进山洪沟项目、滘江上游整治项目，以及石潭水、耀洞水、五洞水、莲瑶水等整治项目，优化土地管理，提升抗洪能力。滘江是佛冈的母亲河，属北江水系一级支流。水头镇作为滘江的源头，拥有优越的自然生态环境。2022年6月13日，佛冈县绿道网建设（水头段）第一期项目开工建设，其中还串联三大公园。滘江水头段河道水系生态综合整治工程要满足防洪、生态等基本功能，推进“清四乱”“清漂”常态化、规范化，构建健康、完整、稳定的河道生态系统。

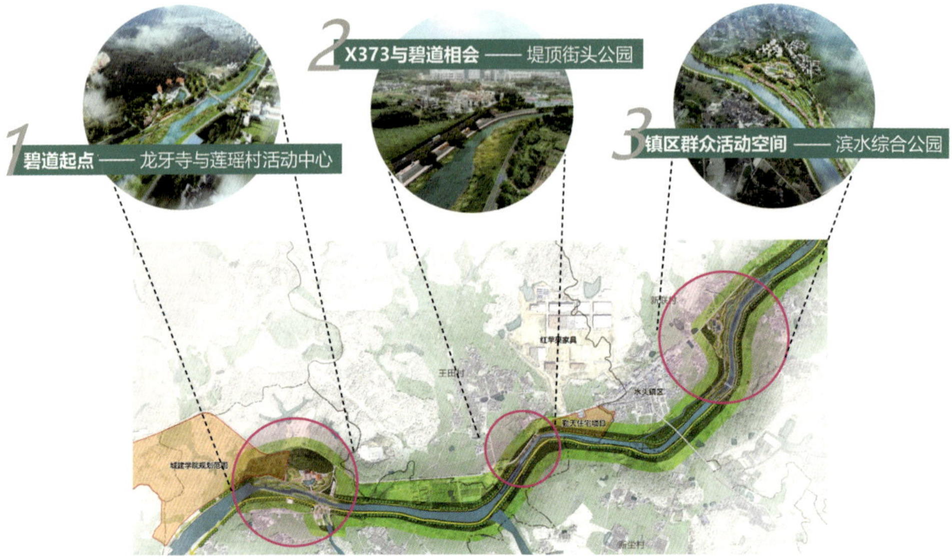

打造“两线三点”高质量滨江休闲空间

组织聚力富村民

一、产业发展村党说

农村产业如何发展？村党组织有话说。村党组织凝聚各方力量，全力推进扶贫工作，积极探索创新精准脱贫项目。

水头镇在开展扶贫工作前期做了很多卓有成效的工作，打下了良好基础，而扶贫工作仍然任重而道远。桂元村在村党组织引领下成立专业合作社，实施产业脱贫。目前，桂元村新龙围已成立蔬菜种植合作社，仓边、仓联、白石圳等村民小组也在积极筹划合作社的成立，下一步便是围绕“一村一品”战略，带动周边产业发展。新坣村坚持贫困户、村集体增收“两手抓”战略，下一步计划打造绿色养殖鹅、牛、蜂等品牌产品。石潭村施行“公司+基地+农户”的模式推进种养项目以脱贫增收，成立黄牛、沉香鸡、沉香鹅、沉香羊养殖基地，与农户合作经营，兴建养殖大棚，扩大养殖规模，每年给村集体分取固定红利，并带动贫困户参与务工创收。此外，新坣村、石潭村启动光伏发电扶贫项目，在带动贫困户脱贫的同时，将剩余资金用于村级公益设施建设、基础设施维护、因故返贫家庭救济等，改善村级集体财务状况，实现由“输血式”扶贫向“造血式”扶贫的转变。

水头镇在农业方面稳中求进，农业产业化程度稳步提高，建有50亩以上种植基地32个、100亩以上种植基地10个，种植水果品种16种。持续推进“一村一品”产业发展模式，粉葛、无花果、鹰嘴桃、番石榴、嘉宝果、魔芋等特色农业产业发展势头良好。2020年8月24日，省农业农村厅公布首批广东省“一村一品、一镇一业”专业村名单，石潭村（无花果）、桂田村（红心番石榴）榜上有名，其中石潭村2020年实现新型农业经营主体多元化发展。扶植建立

16个家庭农场、5个农民专业合作社、4个市级巾帼创业示范基地，推进新坣电商产业中心等6个村集体产业项目建设，推动农业“接二连三”，带动村民发展致富。

特色产业种养基地情况表

类型	种养基地								加工	物流仓储	销售		
项目名称	鹰嘴桃种植基地	无花果种植基地	中药材种植基地	番石榴种植基地	蔬菜种植基地	香水柠檬种植基地	玉米种植基地	高标准农田基地	农业精深加工厂	冷链物流仓库	电子商务市场	农产品交易市场	特产销售街
位置	潭洞、西田	石潭、桂田	铜溪、新坣	桂田、石潭	桂元、新联	王田、莲瑶	铜溪、新坣	铜溪	圩镇东侧	圩镇东侧	圩镇	新联	圩镇

二、组织下沉惠民生

水头镇逐步构建新型经营发展体系。作为清远市深化农村综合改革试点镇，水头镇勇于创新，积极探索，推动改革创新突破。在探索改革的过程中，通过村干部、村民理事走访动员，改变群众观念，从“要我改”转变到“我要改”，全面激发农村综合改革内动力。村党组织在这个过程中发挥了重要的引导作用，并凝聚各方力量，最终推动了乡村振兴战略的顺利实施。莲瑶村等4个行政村被建设成为涉农服务平台示范点，并根据不同情况进行不同的功能整治，最终建成集行政、生活、生产、卫生、金融、网购等于一体的涉农服务综合服务中心，大大提升了基层公共服务水平。同时，水头镇积极探索产权改革，推进农业生产经营模式转换，现建成8个百亩基地，形成宝贵的推广经验。其中，桂元村打造150亩百香果采摘基地，是推动现代农业适度规模经营发展的示范代表。

三、工业提质促发展

水头镇一、二、三产业同步推进，经济发展持续发力。工业方面提质增速，重大项目攻坚有力，引入环保家具、新能源等优质企业，规模以上企业实现从“有”到“优”的跨越。2016年引进的红苹果家具（佛冈）有限公司生产基地项目，占地1 280亩，目前已全面完成12栋厂房建设和3条生产线安装调试，2021年9月正式投产，年产值达16亿元，提供就业岗位3 000个。走进红苹果家具生产车间可以看到，一件件大小不同的家具被放上智能传送带，智能机器人通过扫描家具上面的二维码，识别家具的类型，根据家具的大小、类型将其分拣到不同区域，自动将其有序传送到包装区域。随着现代科技的日新月异、生产技术的不断完善与提高，红苹果家具（佛冈）有限公司紧跟工业4.0时代的步伐，为实现高度自动智能化和现代化生产下足了功夫，同时也为推动佛冈实施“5G+工业互联网”应用发挥了积极作用。2020年12月底，拥有15台机组的华润清远佛冈泉涌风电场项目实现全容量并网发电。

四、全域旅游有魅力

旅游业践行“绿水青山就是金山银山”理念，着力打造宜居宜业宜游宜养的新水头。通过学习借鉴广州市从化区溪头村、莲麻村和西和风情小镇的规划建设思路，汇聚合力，把水头镇打造成为具有“水”特点的魅力小镇，把潖江沿岸水头段10村1居建成现代乡村农业公园，通过乡村振兴实现共同富裕，进一步缩小城乡差距，把家乡建设得更加美好。碧桂园建成项目已成为水头镇全域旅游发展的重要一环。碧桂园·清泉城坐落于佛冈三大旅游经济圈中的羊角山森林闲情山水旅游经济圈，山水环境得天独厚，背靠20平方千米的羊角山森林公园，空气质量优（$PM_{2.5}$值仅0.002微克/米^3，负离子浓度高达每立方厘米31 500个），内部餐饮商超等生活设施配套齐全，经由京珠高速至广州市区仅需1小时车程。此外，龙牙寺正积极打造佛冈县禅宗文化品牌；莲瑶村也在盘活东坑祠文旅资源，保护传承历史文脉；引进的广州城建职业学院已启动施工；位于新镇区的勤天江悦台项目开工在即。水头镇依托省级新农村连片示范区，正不遗余力地全面整合农业产业资源和红色文化旅游资源，发展乡村全域旅游产业。

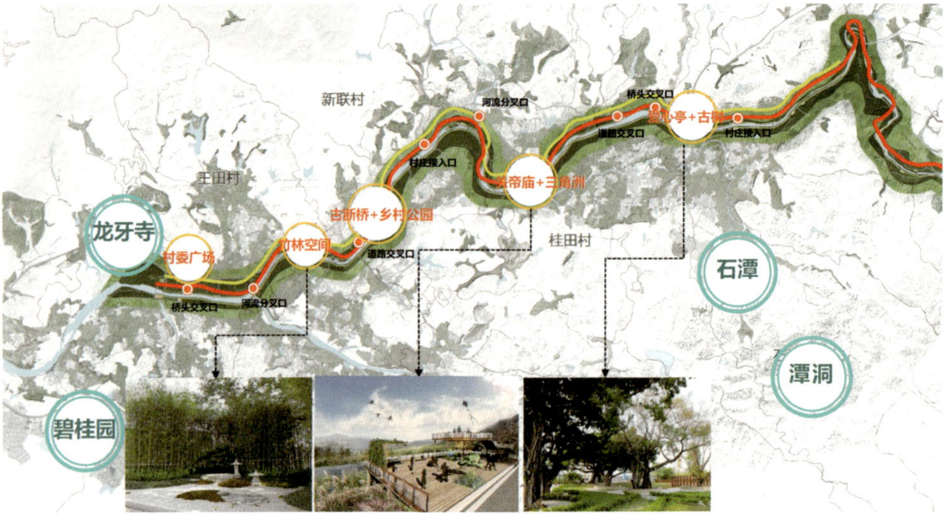

湛江美丽乡村风貌带

示范样板强发展

水头镇通过发展村级集体经济助力乡村振兴。水头镇村党组织通过探索“公司+合作社+农户”等模式，带动了特色农业提质升级，探索解决了耕地低产化、农业低效化的问题。探索镇村经营性资产保值增值路径，一体化壮大集体经济；通过引入有实力的市场主体，启动全镇土地集群开发，发展合适规模的特色农产品和中药材种植项目；争取科技、金融、保险等支持，支持农业龙头企业做大做强，到2025年打造省级以上农业龙头企业不少于2家；推进家庭农场提质和农民合作社规范提升，鼓励发展多种形式适度规模经营，打造“一镇一品”的“乡字号”“土字号”特色产业招牌；完善利益联结机制，到2025年参与新型农业经营主体利益联结机制的农户覆盖率达到60%以上。

习近平总书记强调：“基层党组织是贯彻落实党中央决策部署的‘最后一公里’，要坚持大抓基层的鲜明导向……”水头镇坚决贯彻落实习近平总书记

水头十景

重要讲话精神，建组织、抓作用、强机制，着力锻造全面进步、全面过硬的基层党组织，为建设高质量发展的水头镇提供坚强的组织保证。长期以来，水头镇积极推动党建工作，持续开展党建主题教育，建强筑牢基层战斗堡垒，使得党内组织生活日益规范，提升了基层党组织凝聚力，并在如何服务好党员群众、提升党员干部教育质量、推进农村产业发展、壮大集体经济等方面发挥示范效应。

水头镇以“水”为名，把滃江沿岸水头段“10村1居”建成现代乡村农业公园，全面发展乡村全域旅游，目前已成功打造碧桂园—东坑黄氏宗祠—龙牙寺—清献崔公祠古遗迹文化线路、王田鹰嘴桃—新联澳大利亚坚果—桂元蔬菜—桂田番石榴—石潭无花果悠闲采摘线路、石潭红色基地—潭洞革命老区红

“一带六区，十村十景”总体空间格局

色旅游线路、新坐农耕博物馆—水亡南药种植实训教育基地—同兴七十二家房客科普养生旅游线路等4条乡村全域旅游精品线路。以省级连片示范区为主要依托，有效连接西田龟咀禾雀花公园、潭洞埯仔新农村、独王山桃花源、上潭洞古朴村居、铜溪同兴“七十二家房客”民宿等一批充满当地特色的乡村旅游观光景点，成为特色旅游魅力小镇，吸引市内外游客前来体验，据统计，2021年水头镇接待游客已超过10万人。

随着红苹果家具公司投产和家庭农场、农民专业合作社、巾帼创业示范基地、新坐电商产业中心等集体产业项目落地，水头镇经济实力持续增长，群众就业创业机会增加，居民收入得到较大的提升。在政府、企业和群众的共同努力下，水头镇通过乡村振兴实现共同富裕，进一步缩小城乡差距，把家乡建设得更美好。近年来，在各级政府及帮扶企业的带领下，“南粤家政”工程在水头镇落地，带动水头镇村民从事月嫂等家政行业，全镇走出了2 000名优质月嫂，持证上岗后工资达到3 200～8 000元。

进入新发展阶段，“三农”工作重心实现历史性转移，我们的使命就是全面推进乡村振兴，实现中华民族伟大复兴。

第九章 先行先试显成效

乡村振兴新征程

广东作为我国改革开放的先行者，一直处于乡村振兴浪潮的前沿。从改革开放以来的乡村建设、村庄整治，到社会主义新农村建设、美丽乡村建设、脱贫攻坚全面胜利，一轮又一轮的乡村振兴实践随着时代的演变，其内涵与目标也在不断变化。

一、乡村振兴实践发展历程

（一）建设模式从过去单个的新农村建设向连线成片发展转变

2005年，国家提出建设社会主义新农村，浙江省作为先行者，在2008年提出实践美丽乡村、打造精品线路。从2011年起，广东省逐渐开展整体性的人居环境整治，并进一步加快推进铁路、高速公路、国省道、主要海滨河流沿线、南粤古驿道、旅游景区和邻省交界村的环境综合整治，建设沿线乡村风光示范带。2018年，广东省委农办召开美丽乡村精品线路创建工作启动会，标志着广东省开始往区域联动、三产融合的连片发展模式发展。

山林美景（张远文 拍摄）

2005 年	各地推动新农村建设	美丽乡村雏形出现	中国美丽乡村精品路线
2008 年	安吉首次明确	提出美丽乡村概念并实践	
2009 年	安吉提出四条精品观光带	美丽乡村精品线路雏形出现	
2011 年	浙江省率先开展	美丽乡村精品线路实践	
2013 年	广东增城、花都、从化等地	启动美丽乡村建设	广东美丽乡村精品路线
2014 年	广东省提出	改善环境意见	
2016 年	加快步伐，环境综合整治	美丽乡村三年行动计划	
2018 年	广东省委农办首提	美丽乡村精品线路创建工作启动会	
2019 年	首届评选产生 20 条	美丽乡村精品线路	
2020 年	开展第二批美丽乡村精品线路创建	推荐认定工作	

建设模式变化

农业部

农业部（现农业农村部）科教司发布中国美丽乡村建设十大模式，分别为：产业发展型、生态保护型、城郊集约型、社会综治型、文化传承型、渔业开发型、草原牧场型、环境整治型、休闲旅游型、高效农 业型

安徽省

怀远县魏庄镇方坝村围绕方坝花卉名片，提出**“打造中部乡镇花卉基地”**目标，积极推进传统种植业转型升级。目前，全镇有近 800 个花卉大棚、3 家花卉专业合作社、10 个家庭农场，主要分布在方坝村，年产值可达到 1 200 万 ~1 500 万元

湖北省

京山全市 356 个村已按照**基础型、提升型、示范型**分为 3 类，梯次创建美丽经济，被评为全国首批、全省首个国家生态文明建设示范县。杨集镇杨集村发展**“共享峰园”**，文峰村发展**“温泉旅游”**，孙桥镇沙岭湾村与碧桂园公司签约，种植美国红枫，专供小区，逐步形成“不愁销”的主导产业

各省乡村振兴实践政策

（二）建设重点从“美丽资源”向“美丽经济”转化

美丽乡村建设需要投入，会产生成本，没有可靠的经济基础，美丽是无法持久的。美丽乡村建设顺应了我国的乡村振兴战略，目的是形成宜居、宜业、宜游的乡村发展新格局。因此，美丽乡村建设必须把建设的成果——“美丽资源”转化为乡村发展的新优势——“美丽经济”，用“美丽经济”的收获来反哺“美丽资源”，美丽乡村建设才能够持久。

（三）建设品质从人居环境整治到精品村、精品线路打造

农村环境卫生综合整治是建设社会主义新农村的重要内容，搞好农村环境卫生综合整治既为改善广大农民群众的居住和出行环境提供了条件，也为社会主义新农村建设奠定了良好的环境卫生基础，对于保护劳动生产力、促进经济发展、改善生活环境质量、推动新农村建设具有十分重大的现实意义，是惠及广大群众的一件大实事。近年来，对农村建设品质有了更高要求，提升村容

四川省

丹棱坚持**“交通＋乡村旅游”**模式，打通老峨山旅游快速通道，建设串联起超1万亩的柑橘基地和10余个村的产业大道，实现了全县重要旅游景点和主要农业基地的道路全覆盖。这得益于主干道的畅通，全县美丽经济才迎来蓄势腾飞。丹棱获得“中国橘橙之乡”之称

江西省

赣州全南县南迳镇中切村的香韵兰花基地，通过引进广东兰花种植大户，依托丰厚的花卉苗木资源，以**“芳香花木、芳香乡村、芳香文化、芳香温泉”**为建设主线，吸引各地游客“闻香而来”。2020年，接待游客374.22万人次，实现旅游收入28.71亿元，分别同比增长25.04%、22.49%。

多省

2021年，**浙江衢州、安徽黄山、福建南平、江西上饶组建“联盟花园”，共同壮大“美丽经济”**

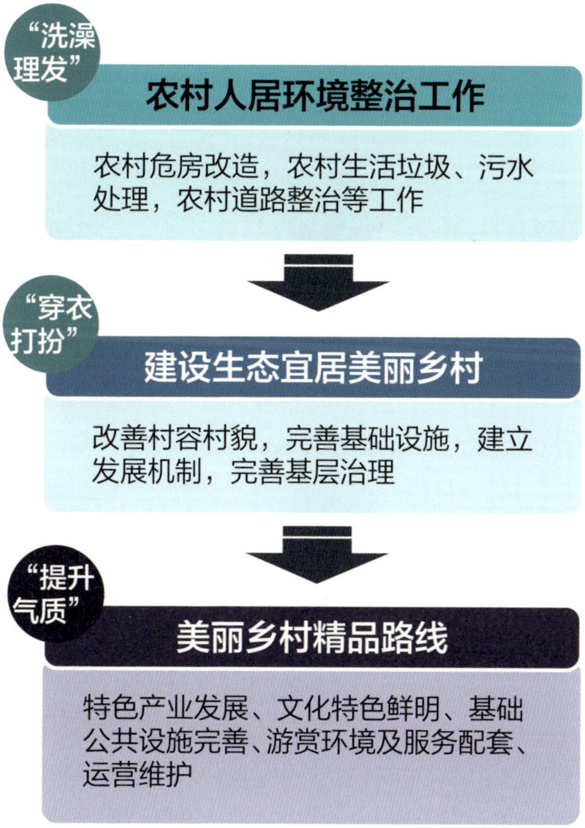

建设品质变化

村貌，完善基础设施，建设发展机制，通过“软实力”与“硬实力”的结合，打造出独具特色的精品村、精品线路，已成为进一步做好乡村振兴工作的重要内容。

二、广东全面推进乡村振兴

广东各地在不同时期开展了各式各样的村庄规划，从新农村规划，到人居环境改善，再到乡村振兴、“多规合一”。

2008—2015年，重点关注用地和指标，是首轮新农村规划。2008年，全国新农村规划全面铺开，以传统村庄规划与村庄整治为主。

2016—2018年，重点改善人居环境，是行动性规划。

新发展阶段，“三农”工作重心实现历史性转移，全面推进乡村振兴。

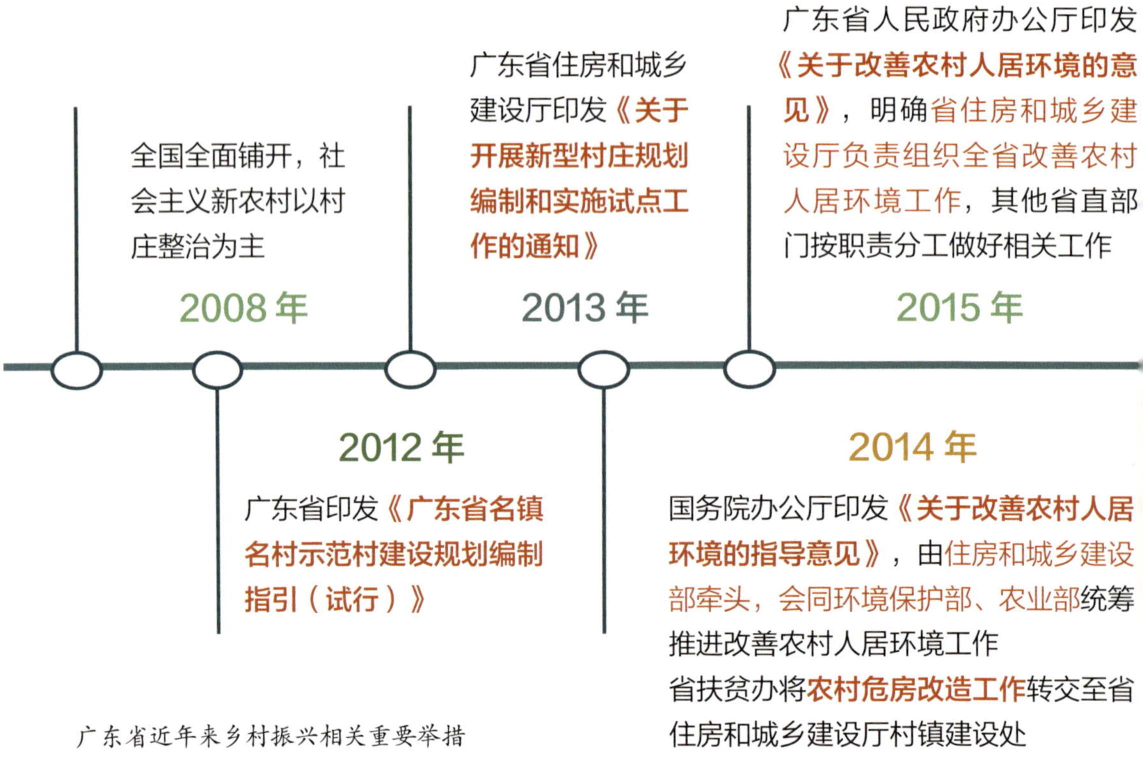

广东省近年来乡村振兴相关重要举措

新发展阶段，农村民生进一步改善，农村改革持续深化，社会保持和谐稳定。

1. 农村产业迎来发展机遇

构建农村一、二、三产业融合发展体系。农业综合生产能力稳步提升，农业供给体系质量明显提高，农村一、二、三产业融合发展水平进一步提升。

2. 农村人居环境的整治受到更多关注

改善农村人居环境，让农村生态美起来、环境亮起来，是生态文明建设的重要内容，也是推动乡村振兴的必然要求。

3. 农民发展意愿得到重视

发挥农民在乡村振兴中的主体作用，把维护农民群众根本利益、实现共同富裕作为出发点和落脚点，促进农民持续增收，不断提升农民的获得感、幸福感、安全感。

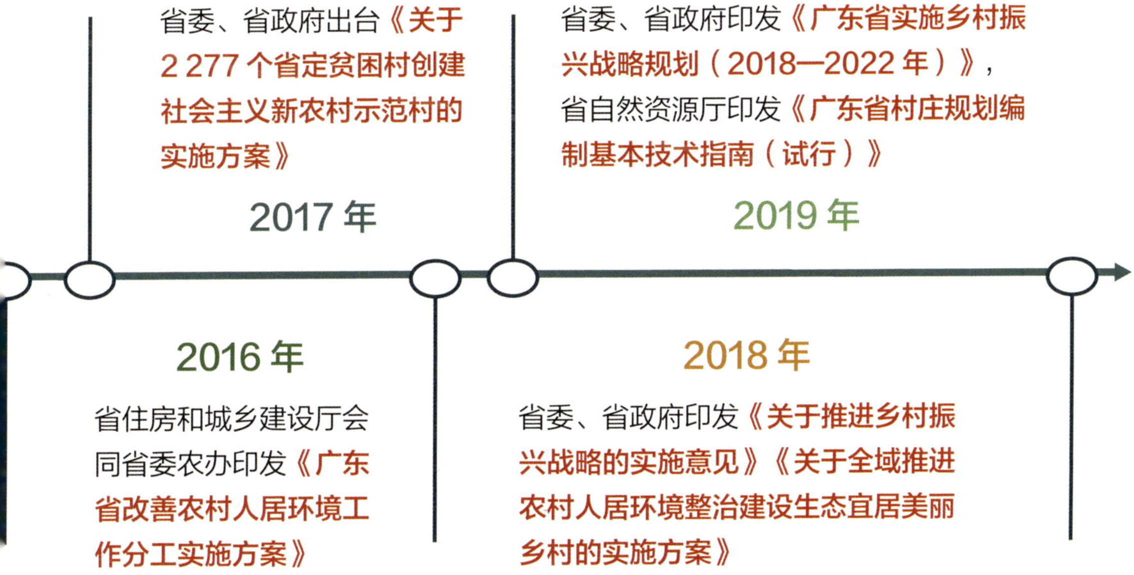

乡村规划新理念

一、巩固脱贫成果

脱贫攻坚与乡村振兴目标一致、主体一致、时间接续、内容共通，脱贫攻坚为乡村振兴奠定了良好基础，乡村振兴是脱贫攻坚的延续和升级。国家提出从脱贫攻坚转向乡村振兴的5年过渡期，既要延续政策稳定，巩固成果，也要推动乡村地区向更高层次发展，兼顾做好衔接过渡和变革调整。

（一）目标任务

脱贫攻坚、乡村振兴都是我国解决“三农”问题的重要部署，促进农业升级、农村进步、农民发展是一以贯之的主线。在新时期推进乡村振兴，将从原来脱贫攻坚实现“两不愁三保障”的基本生活保障上升到实现“产业兴旺、生态宜居、乡风文明、治理有效、生活富裕”。

（二）政策机制

全面推进乡村振兴战略的深度、广度、难度都不亚于脱贫攻坚，要在原已形成的政策机制基础上，进一步向乡村倾斜，以更有力的举措汇聚更强大的力量，加快农业农村现代化步伐。

（三）实施路径

对于发达地区、集体经济强的地区等有条件的乡村，应发挥首创精神，为乡村振兴先行示范、探索经验。而原来的贫困地区要循序渐进，既要尽力而为，又要量力而行，精准发力，其近期的重点工作是查漏补缺，先保底固基础，防止大规模返贫，再逐步推进乡村发展。

二、促进城乡融合

城市与乡村作为城乡地域系统的有机组成部分，始终是一个矛盾的有机统一体和不可分割的融合体。城乡融合发展一直是中国推动城乡统筹发展、实现城乡共荣的重要目标。

新发展阶段对乡村振兴战略提出了新要求。应对百年未有之大变局下的国家发展阶段转型，乡村发展迎来全新挑战。乡村是畅通国内大循环的主战场，农村拥有巨大的市场潜力，城乡互动发展是优化国际和国内双循环的重要基

绿水青山（张远文 拍摄）

乡村云海（张远文 拍摄）

础。城乡地域系统中发展要素流通不畅、结构功能紊乱等系统性障碍，成为阻隔城乡循环的关键内容。

在新发展阶段，社会经济发展降速，内外部发展压力挤压，城乡关系矛盾堆积，新旧问题叠加成为城乡转型发展的常态。城镇化将面临城市对乡村外出人口吸引力和容纳力下降的挑战，乡村人口城镇化和市民化的难度和成本不断加大，试图通过城镇化解决“乡村病”的路径存在众多不确定因素。新时期，城乡关系与乡村振兴均面临战略调整，乡村作为国家稳定发展的战略后盾逐渐显现，乡村振兴对于稳固中国中长期发展战略的作用日益凸显。

战略转型期也是发展机遇期，城乡二元割裂的管控体系和运营模式已难以适应国家发展的现实需求，破解乡村振兴领域的体制和机制障碍到了迫在眉睫的关键时期，城乡关系优化也成为培育可持续乡村转型路径的重要依据。

（一）农业农村现代化与新型城镇化的融合

农业农村现代化是推力，新型城镇化是拉力，两者相辅相成，共同推进城乡融合的现代化发展。农业的现代化需要城镇服务的支持，特别是县城、小镇在金融、流通、营销等领域对区域农村经济的支持。同时，城市的文化、教育、卫生等公共服务网络及通信、燃气等基本设施网络也需要下沉到乡村基层，并将城市现代生产生活方式与乡土文化、乡村田园空间结合。

（二）以镇域为城乡融合落地单元

坚持以城乡居民为中心的发展思想，以满足城乡人民日益增长的美好生活需要为出发点，重塑新时代的城乡关系，建立城乡要素双向流动的长效机制，推动城市基础设施和公共服务设施逐步延伸到乡村地区，推动城乡基础设施共建共享共营，逐步缩小城乡发展差距，同步提升城市发展质量和乡村发展质量，同步实现城市现代化和乡村现代化，推动城乡共同富裕。

三、发展富民产业

乡村要振兴，离不开产业兴旺这个重点。

（一）一、二、三产业融合发展

推进农村一、二、三产业融合发展是党中央、国务院在我国社会经济步入新常态、农业农村发展进入新阶段背景下作出的重大战略决策。第一、第二、第三产业的融合发展是优化资源配置、促进农村经济发展的重要举措。这是新时代中国特色农业现代化的必然条件，是农民收入增加和农业、农村振兴的新模式。

（二）产业空间整体开发

优化乡村产业空间布局，统筹农产品生产地、集散地、销售地及服务配套建设。以现代农业园区为载体，打造一批特色农产品优势区、现代农业产业园、农业产业强镇、“一村一品”示范村镇、农业科技园、农业创业园、农业合作示范区等发展载体。

农业产业空间整体开发，统筹乡村高标准农田、农林牧渔业种植养殖基地、农产品生产加工区、物流仓储及营销展贸区、基础设施和公共服务建设，并注重对生态脆弱、生态价值大于经济价值的生态区域进行保护，形成区域性、系统性布局安排和开发建设方案，增强对社会资本、产业资源的引导和集聚功能，促进农业提质增效，带动农村人居环境显著改善。

（三）全域旅游塑造精品

在乡村振兴的时代背景下，乡村旅游发展拥有了崭新的使命和指导方向。

乡村旅游是实现乡村振兴的重要力量、重要途径和重要引擎。乡村旅游通过打造景区村庄，注重产业培育，激活发展主体，实施集聚发展，探索机制创新，对促进乡村产业融合、推进全域旅游具有重要作用。

全域旅游是一种新的发展理念。全域乡村旅游是将乡村区域整体作为功能完整的乡村旅游目的地来建设，可以有效助推乡村振兴的全面实现。

全民多元深度体验旅游时代的到来，以及消费结构的不断升级，为全域旅游带来良好的发展机遇。随着消费能力的不断提升，人们开始注重差异化的体验和精神层面的满足。而全域旅游通过资源统筹和要素整合，正逐步成为新时代解决不平衡不充分发展的有效手段。深度体验旅游成为一种旅游新

美丽乡村建设（张远文 拍摄）

常态，旅游者不再满足于大众化的旅游产品，更加青睐多元化、个性化、体验化的旅游产品，注重旅游过程中获得的旅游体验。深度体验旅游集中体现了旅游产品的完整性和相关产业的融合性，从传统的旅游“六要素”拓展到“新六要素”，旅游者拥有更多的自主性和灵活性，不再局限于在限定的时间内参观固定的景点和景区等。深度体验旅游的发展需求与打造全域旅游目的地体系不谋而合。

美丽乡村建设不仅是实现乡村振兴的重要途径，也是构建全域旅游目的地的重要载体。

四、推动村镇建设

“乡村兴则国家兴，乡村衰则国家衰。”党的十九届五中全会提出实施乡村建设行动，这是未来村镇建设工作的根本遵循，能够从根本上改善农民群众的生产生活条件，提升他们的获得感、幸福感、安全感，对于实现乡村振兴具有十分重大的意义。

山水田园（张远文 拍摄）

（一）美丽乡村

美丽宜居村镇建设绝不是简单的农房建设，更需要加强配套公共基础设施和公共服务设施的建设。这既需要加强村镇环境的保护、美化，又需要完善道路、供水、供电、供气、供网、厕所等传统基础设施，提高养老、医疗、教育等公共服务供给水平，还需要利用新一代信息技术，开展数字村镇新基础设施建设。只有完善了这些硬件、软件服务设施，才能更好地提升村镇的宜居环境，提高生活、居住品质。

（二）美丽田园

田园景观是自然生态与农耕文化交融的共同体，是乡村地域特色景观的独特标签。田园景观的营造应更多地展现其自然属性，降低、弱化或隐去人为干预因素。纯粹的自然乡村景观，才是人们对体验自然静谧、远离烦恼喧嚣的向往和追求。

五、改善民生服务

2021年，我国不断推动区域协调发展，采取有力措施保障和改善民生。突出强调“高质发展、软硬并重”的原则，高度重视乡村“硬实力”和“软实力”的同步配套发展。

（一）便利公共文化服务

目前，乡村公共文化服务普遍存在着村民群众参与度不高、文化服务内容单一且品质不高、文化活动供需不匹配等问题，急需加快弥补公共文化服务的短板，以群众基本文化需求为导向，提高公共文化服务的精准供给，培育基层文化服务供给的内生动力，提高乡村公共文化服务的实效。

（二）完善农村社会保障体系

社会保障是脱贫攻坚与全面小康的一项基础性兜底制度安排。要化解当下的致贫风险和返贫风险，最有效的措施就是建好安全可靠的社会保障体系，努力实现应保尽保，应兜尽兜，确保脱贫奔小康路上不让一个人掉队。要通过不断筑牢社会救助网，编密织牢基本民生兜底保障网，切实抓好兜底保障工作，实现经济发展与改善民生的良性循环。

乡村建设新抓手

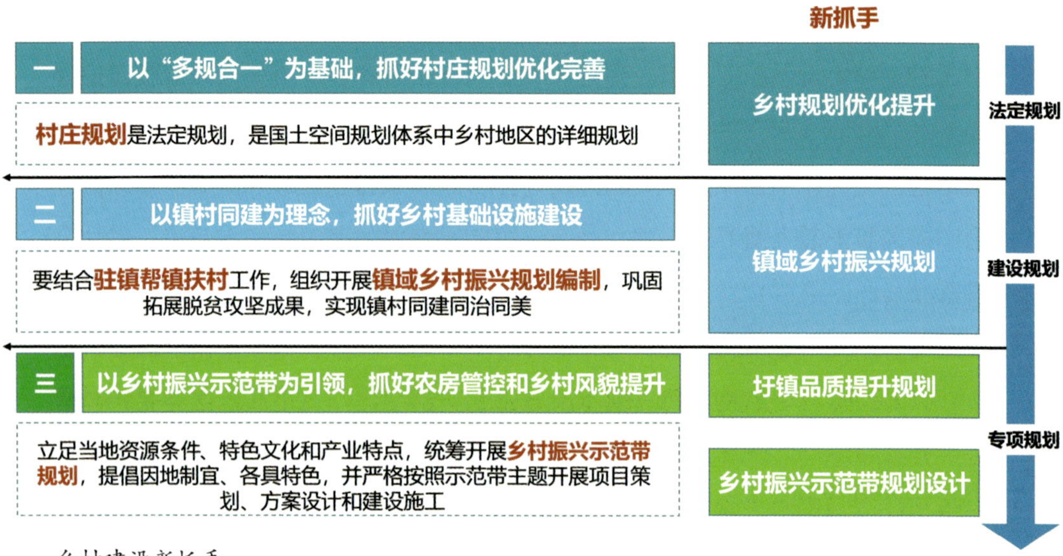

乡村建设新抓手

一、村庄规划优化提升

以“多规合一”为基础，抓好村庄规划优化完善。以一个或几个行政村为单元，整合村土地利用规划、村庄建设规划等乡村规划，编制“多规合一”的实用性村庄规划，与国土空间规划有机融合。规划成果要能用、管用、好用，让村民看得懂、记得住，能落地、好监督。

二、镇域乡村振兴规划

做好“一盘棋”规划和满足主体功能区定位要求，系统谋划、科学编制镇域乡村振兴规划。坚持分类指导和差异化发展相结合，根据乡镇经济社会发展情况、自然条件和群众需求，统筹布局生产、生活、生态空间。

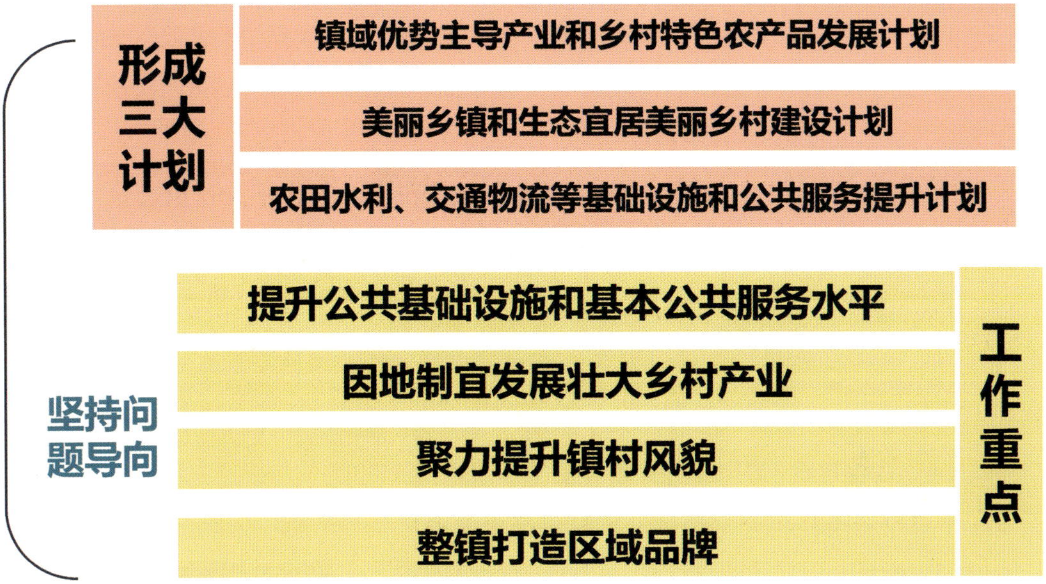

乡村振兴三大计划

三、圩镇品质提升规划

圩镇是连接城乡的纽带，是城乡融合的关键点，所以要进一步拓展美丽乡村的概念和范围，由过去的美丽村庄拓展到美丽乡镇，特别是要加强美丽圩镇建设。要结合驻镇帮镇扶村工作，组织开展圩镇人居环境综合整治，优化圩镇基础设施并提升公共服务水平，加快提升集聚辐射能力，促进镇村联动、全面发展。

四、乡村振兴示范带规划设计

以乡村振兴示范带为引领，抓好农房管控和乡村风貌提升。乡村振兴示范带是以中心村为节点、圩镇为枢纽，串点成线、连线成片、集片成带，统筹推进产业、人才、文化、生态、组织五大振兴的先行示范区。建设乡村振兴示范带要以产业兴旺、生态宜居、乡风文明、治理有效、生活富裕为目标，以改善环境为基础，以提升风貌为标志，以发展产业为核心，以特色文化为内涵，以农民增收为目的，在整合优势资源、发挥集聚效应、推动县域经济、实现共同富裕等方面发挥引领带动作用。

品质提升计划

八大要素

党建引领	发挥党组织和党员的先锋作用
产业兴旺	一、二、三产业融合发展
环境改善	山水林田湖草沙系统治理
风貌提升	连线成片提升乡村风貌
乡风文明	文化遗产修复利用
设施完善	完成基础设施建设
治理有效	建立党组织领导的乡村治理体系
运营规范	推动美丽乡村释放出美丽经济

总体要求

- 乡村振兴示范带应串联不少于**1个圩镇、5个行政村**，且**精品段不少于10千米**
- 串联的圩镇要达到**“示范圩镇”**标准
- 5个行政村都要达到**“美丽宜居村”**以上标准，至少3个自然村要达到**“特色精品村”**标准

广东省乡村振兴示范带创建要求

久久为功　全面推进乡村振兴

乡村是最基层单元的社会、经济、文化、生态综合体，其单元规模小且综合性强，是中华文化根基之所在，守护和建设好这片根基，才有中华民族的伟大复兴。

2020年底召开的全国农村工作会议提出，坚持把解决好“三农”问题作为全党工作的重中之重，举全党全社会之力推动乡村振兴，促进农业高质高效、乡村宜居宜业、农民富裕富足。2021年中央一号文件强调新发展阶段“三农”工作依然极其重要，须臾不可放松，提出全面推进乡村产业、人才、文化、生态、组织振兴的实施方案。落实乡村振兴战略已上升为全社会的重要战略，为巩固脱贫攻坚成果、夯实“三农”固本安邦基础、衔接“两个一百年”奋斗目标提供坚实保障。推进乡村振兴战略难度大，如何立足“大国小农”基本国情，在构建新发展格局的过程中，基于制度性的集成创新，汇聚更多具有重大牵引作用的惠农举措，形成多轮驱动的乡村振兴格局，将具有重要的现实意义。

2021年是脱贫攻坚全面转向乡村振兴新阶段的起点。南粤大地上有千千万万的行政村，我们将不忘初心、牢记使命：优规划，凝聚乡村振兴合力；重设计，展现乡村振兴魅力；强建设，深挖乡村振兴潜力；学运营，激发乡村振兴活力。我们会继续砥砺前行，创造南粤乡村振兴的新奇迹！